JN065333

コロナが私たちに教えてくれたこと

谷岡郁子
Kuniko Tanioka

至学館大学かく戦えり

ゆいぽおと

第一章　沈黙の春　9

コロナが私たちに教えてくれたこと

―至学館大学かく戦えり―

谷岡郁子

登場人物

■至学館大学教員

私（語り手）……学長兼理事長、ただし学内で理事長と呼ぶのは事務局長のみ。
　「大学論」、「人間社会と法」を担当。専門は「高等教育」。
ベンケイ……副学長（教務・研究部門担当）。専門は「バイオメカニクス」。
キャンプ……副学長（学生部門担当）。専門は「野外教育」。ＰＣＲ検査統括。
マザー……研究科（大学院）長兼学生相談室長。専門は「臨床心理」。
ネット……短大部長、専門は「スポーツ心理学」。バレー部部長。
直角……教務委員長兼「子ども学科」長。専門は「野外教育」。
○「コロナ対策チーム」およびＰＣＲ検査関係
山男……教授、内科医。登山家で「山岳医」でもある。
ショパン……教授、外科医（スポーツ医学）。レスリング部部長。
Ｊ１……教授、外科医（スポーツ医学）。プロサッカーチームのチームドクター。
テニス……教授。専門は「生化学」。医学博士。ＰＣＲ検査担当。
○「遠隔チーム」関係
お兄さん……准教授。専門は「スポーツ生理学」。体操部部長。「遠隔チーム」のリーダー。

マジョ……助教。専門は「発達心理学」。

フォリオ……………准教授。専門は「情報科学」。

試験カン……………教授。専門は「臨床栄養」。栄養学科の国家試験対策担当。

(その他)

ヨイコ…………………「大学論」におけるパートナー。専門は「スポーツ史」。

■至学館大学事務局
ホノボノ……………事務局長(理事)。

シェフ………………次長(法人、総務担当)。

オダヤカ……………次長(教務、学務担当)。

ニヒル………………総務課長。ＰＣＲ検査における調達担当。

甲子エン……………教学課長。ＰＣＲ検査における情報担当。

スポマネ……………スポーツ・マネジメント、チームリーダー。ＰＣＲ検査におけるスポーツ関係担当。
○学長室
モリオ………………室長。広報室長を兼務。学長にとって「ライナスの毛布」。

テキパキ……………学長室主任。国際関係業務担当。

キナコ………………「災害・ボランティア論」も担当する教員・事務局ハイブリッド。

ムスコ………………秘書。ＩＴ、遠隔授業担当。

第一章　沈黙の春

愛知県。知多半島の付け根に人口九万人ほどの大府市が名古屋市に隣接している。大都市名古屋と知多半島の田園風景のはざまにあって、畑や果樹園、森に囲まれた住宅地が拡がっている。

このまちの、名古屋市との市境から一・五kmほど離れた高台に広がる二五〇〇〇坪ほどの至学館大学のキャンパス。大学のキャンパスとしてはやや小ぶりだが、かつては愛知用水の溜池として使われた二つの大きな池と交差するような地形になっているのと、池の南側には市営の森林公園が地続きであるため、広々と緑豊かで、さまざまな生き物たちが溢れている。

見渡す限り、周りには高い建物はなく、晴れた日には校舎の五階のベランダから、知多半島ののどかな田園風景や、遠く名古屋港に架かる橋まで見渡すことができる。

空が大きい。

春、四月。

つい二週間前には全く色のなかった木々が一斉に芽を吹いて、辺りの景色が明るい若葉色に染まってきた。大学の庭のサクラの木が次々に満開になって、木々のみどりと張り合うように景色をピンクに変えている。地域のボランティアたちが丹精した花壇の花々も咲きそろっている。名前は分からないけど、何種類もの鳥たちのさえずりもにぎやかだ。

目に、耳にそして鼻にも告げられる春の訪れは、今日にも入って来るはずの新入生、戻って来るはずの在学生を歓迎している。

そのはずだった。

四月初めに入学式を行うと、もう鳥のさえずりが聞こえるなんてことはありえないのが、我がキャンパスの春。在学生たちは、正門から式場となるスポーツ・サイエンス・センターまでのいたるところで、

「おめでとうございます！　サッカー部です！」

「おめでとうございます！　ラクロス部です！」

「おめでとうございます！　大学祭実行委員会です！」

などと声をかけて手作りのビラを渡しながら、新入生の勧誘を始めている。

新入生たちは、入学式の式場に入る前に、在学生たちの元気さ、笑顔と人懐こさに圧倒され、新たな学生生活への期待に胸を膨らませるのである。

どんなに花々が鮮やかであっても、どんなに木々のみどりが生命力に溢れていようとも、至学館の学生たちの明るさと躍動感、そして力強い存在感の前ではかすんでしまう、それが至学館の春なのだ。

そう、例年ならば……。

この春は違った。

Ｃｏｖｉｄ19という小さな、小さな、生物以前の厄介モノが現れた。

目に見えず、音も匂いもないから、何処にいるのか、キャンパスにいるのか、いないのかさえ分からない。小さいのに、生み出す不安は巨大で、世界中を不安で満たしている。


キャンパスに学生たちの姿はない。

学生会館でくつろぐ学生も、中庭であいさつを交わす学生も、トラックを黙々と走る学生もいない。誰もいない体育館の隅に、退屈そうなボールがひとつ。

笑い声も、ざわめくようなお喋りの声も、ボールを奪い合いながら掛け合う声もない。

絵に描いたような春の景色のなかで、キャンパスは沈黙している。

主人公たちに愛でてもらえないまま、サクラは散ってしまった。

コロナ・ウィルスの出現で大学は休業対象に指定され、学生たちは大学に来ることができなくなった。もちろん、入学式もできなかった。

私は、人の気配の消えた中庭を見下ろしながら、学長室で寂しさと悔しさを噛みしめる。

四月は私がいちばん好きな月である。日差しが強くなり、花が咲きそろったキャンパスに在学生たちが戻って来る。入学式ではよそいきの顔をして緊張していた新入生たちが、日毎にリラックスして楽しげに変わっていく。学生たちが放出するキラキラしたものが、春の光に増幅されて輝く。至学館大学が自慢とする元気と明るさが溢れる季節なのだ。このキラキラした輝きを肌で受け止めて、新しい一年が始まったことを実感できるのである。

この春は違った。見た目の景色は春なのに、空気は寒々としている。

私が人生を賭けて、若者たちと創り上げてきたものは、何処へ消えてしまったの？

第一回コロナ対策会議と三つの原則

とはいうものの、感傷に浸っている場合ではない。危機である。

危機管理という仕事がある。普段は優秀で働き者の同僚たちのおかげで、けっこうラクをさせてもらっているこの私、つまり学長。

「こんな時ぐらい、率先して働かないでどうするよ！」と内なる声がする。頭がガンガンするような、かなりの大声。

「はいはい、わかってます。もう、それなりに考えていますよ」

会議室に向かって歩きながら、廊下の鏡に言い返した。

決めなくてはならないことが山のようにあるなかで、関係者が集まって最初の対策会議が始まった。学長に加えて、副学長が二人に研究科（大学院）長、大学の学部長、短大部長、学生部長、学生相談室長、教務委員長に学内の医師のなかから一人。これが教員たちだが、学部長は副学長のベンケイが兼務で学生部長は同じく副学長のキャンプが兼務している。学生相談室長は、研究科長のマザーが兼務で合計人数は役職の数よりずっと少ない。そもそも私自身が学長であり、理事長でもある。すべからく、我がミニな大学はコンパクトな構成で運営が可能であり、これは物事を迅速に処理しながら全体を統括するのに便利である。少ない人数でしっかり議論するのが習慣になっている。事務部門からは法人の理事でもある事務局長、二人の次長、教学課長、総務課長、スポーツ・マネージャーに学長室長が参加する。事務局関係者は、単なる会議の事務局ではなく、メンバーとして意見も述べる。教員と事務職が右往左往せずに物事を進めるためには、議論の初期段階からしっかり議論することが大切だと考える至学館の伝統である。ほかにも役職者たちはいるが、これだけそろえば、当面の課題について方針を決めて全学を動かすのに十分なはずである。さて、皆がそろった。少し長くなるが、メンバーたちを紹介しておこう。

ホノボノ局長

学校法人の理事であり、法人本部と大学の事務局長を兼ねる。人格者で仕事熱心。もう四〇年近い付き合いになるが、一言も文句を言わずに私の冒険に付き合ってくれている。大学のすぐ近所に家があって、地元と大学の関係を良好なものにしてくれている。

ベンケイ副学長

健康科学部長を兼ねて、学内教学関係を統括。「バイオメカニクス」の教授として大学、大学院の授業を持つ。大学教員にあるまじき熱心さで管理の仕事に取り組んでいて、いつも大学にいる。髭面、大柄で強面の外見とは違って優しい人である。学生も最初は怖がるが、すぐに懐く。意外に綿密で細かい作業が得意。

キャンプ副学長

学生部長を兼ねていて、学生のさまざまな活動分野を支える。運動系部活をはじめ、課外活動が盛んな大学なので、いつも銀髪を振り乱して活躍。発想は豊かだが事務は少々苦手で、事務局に鍛えられている。野外教育の専門家で夏のキャンプ実習、冬の雪上実習を通じて学生たちの人気が高い。どこででも寝て、その辺に生えているものはなんでも食べる。

マザー

大学院である研究科科長にして学生相談室の室長。学生たちにとってのシスターであるカウンセラーたちを統括する。人間離れした共感能力の持ち主であって親身に学生や教職員のメンタル面での世話をするが、マザーの「臨床心理学」は単位取得が難しいことで有名。

ネット

短大学部長で女子バレー部部長。専門は「スポーツ心理学」。ムーミンパパのような穏やかな人間。スポーツ関係の指導者たちの調整役として人望がある。バレーボールのコートにあるネットのように柔軟でかつタフ。

直角

全学の教務委員長にして「子ども学科」の学科長。専門は「野外教育」。ブルドーザーのように時間割づくりとその調整のように面倒で複雑な仕事をこなす。その点では類似領域のキャンプとかなり違う。いつも直球勝負で変化球は投げられないことから、人付き合いでは不器用なところもある。

山男

コロナ・チームのリーダー的存在。内科医で山岳医。本人も登山家であり、水彩画、笛やハーモニカを嗜む。

オダヤカ次長

物静かで有能な教学部門のベテラン。私が新米の学長だった頃から度重なる認可申請の事業で困難な書類づくりの中心となってきた。一度も感情的になったところを見たことはないが、強い信念と情熱をもって仕事に取り組む。

シェフ次長

オダヤカとは正反対にお茶目で遊び心満点の仕事師である。元々は銀行員だったのが三〇代半ばで大学職員になった。主に法人、総務的な仕事の中心で、団体交渉から工事の調整、付属幼稚園の行事の世話、学長の昼食づくりまで、なんでもこなせる万能選手。

モリオ室長

学長室長兼広報室長。コロナ対策を含む新規事業での学内外における連絡・調整に有能。学長関連の学外関連事業に関しても掌握。学生時代は音を出さないギタリストだった。三〇歳前後で学長秘書に推薦されると、若い女性たちに混じって秘書講習に通い資格を取った。これほど有能な秘書は他のどこでも見たことがない。

ニヒル総務課長

法人と大学の両方の総務を統括する。一見ニヒルで無関心な表情で会議に参加するが、仕事熱心で人付き合いも良い。銀行員だったが五〇代になって、大学職員に転向。最初は面喰っていたが、けっこう楽しんで仕事をしている。

甲子エン

教学課長にして、男子硬式野球部コーチ。体育会系の良さを全て持ちながら、駄目さが全くない稀有な人物。すなわち、明るく元気で積極的でチーム・プレイが上手くフェアプレイ精神旺盛だが柔軟で賢い。学生たちの面倒見がよく、多くの学生に慕われている。

これらの人物が集まった。

密を避けて広すぎる部屋でマイクを手にしての会議は、普段とは雰囲気が違って散漫な感じがするが、重大な会議というメンバーの自覚がやりにくさを補ってくれそうだ。一人ひとりの顔つきから緊張感がうかがえる。早速、検討すべき課題をテーブルの上に広げるようにとの声が司会のキャンプからかかると、次々と声が上がる。

ネット　「今学期はすでに始まっているのですか、それとも、まだ？」
（確かにこんなことも判断できない異常事態だよね。）
ベンケイ「学生への連絡はどうなってる？」
ニヒル　「遠隔授業ってどうやってやるんでしょう？　必要なものは？」
オダヤカ「教科書、資料の配布はどうしましょう？」
ベンケイ「履修登録なんとかしないと授業が始められない」
ホノボノ「テレワークはどこまでやらなければならない？」
甲子エン「時間割の変更をどこまで必要ですか？」
キャンプ「寮も閉鎖するべきだろうか？」

ニヒル　「必要な消毒液が手にはいらないが、どうやって職場の安全対策をすればいい？」
マザー　「研究も休業すべき？」
ネット　「部活をやらせていいのだろうか？」等々。
次から次へと前代未聞のスケールで問題が出てくる。

とりあえず授業の開始時期を決めようと司会のキャンプが提案するにいたって、私は「待った」を掛けた。

私　「ちょっと待って。各論に入る前に、この状況に対して至学館がどのような姿勢で臨むのか、原則を決めて共通の認識にしないと……。これからテレワークが増えて集まる機会も減るのに、ばらばら、ちぐはぐでは収拾つかない事態になりそう」

突然の私の割り込み発言に、抽象的なことを言っている場合かという表情が約半分、なるほどと思っている顔も半分くらい。イライラした顔も見える。解決すべき問題が多すぎるのに哲学論争を始めるのか、ということだろう。でも、ここは、私がまれにリーダーシップなるものを発揮する場面だろう。

いつもは会議の目的について説明した後、私が最初のほうで意見を言うことはあまりない。

世間では強いリーダーというイメージが独り歩きしている印象があるが、現実の私は、どちらかというとファシリテーター的な要素が強い（と自分自身では思っている）。つまり、会議の流れを調整したり、さまざまな角度からの検討を可能にするための質問を挟んだりはするが、自分自身の意見は留保することが多い。一通りの意見が出てから整理し、まとめて他のメンバーに確認するというやり方が大半だ。日本の組織にあっては、何を言うかではなく、誰が言うかで決まってしまいがちで、そのために十分な議論ができていないことが多いと思う。これを変えるために長年努力していたら、私はいつの間にか、自然にファシリテーターになっていた。

ただし、この日は違った。

時間がないのに、イチからジュウまで土台からやり直さなければならないような状況なのだ。全体としての整合性を保つことが要求される。コロナによる社会的な混乱がいつまで続くのかも不明である。数か月、あるいは年単位の危機管理になるかもしれない。多岐にわたる仕事を統合するためには、全員が同じ方向を向くための原則が必要だと直感した。そして、原則が必要だとすれば、それを提示するのは、学長の役割だろう。提示したのは三つ。

一　徹底的に相談しやすく、サポートが得られる環境とシステムを目指す。

二　最大限の予防策をとるが、ゼロ・リスクは目指さない。
三　大学らしい姿勢を保ち、大学らしく対応する。
以上である。

第一の原則は、未知の領域でものごとを円滑に進めていくためには、それがウィルス感染の予防策であれ、遠隔授業であれ、徹底的に不安を解消していくことが重要で、そのためには状況を把握するための情報収集が基本になるということである。初めての遠隔授業に関しては、さまざまな問題が起きることは避けられないのだから、不満や不安はできるだけ迅速に吸い上げて改善につなげるべきである。

また、関係者に感染を広げないためには、不安を感じたら安心してすぐ相談できることが重要である。黙っていて隠すようなことがあれば、知らないうちにクラスターができてしまうかもしれない。相談しようと思わせるためには、相談者が十分な保護やサポートを受けられると信じられる体制とアプローチが必要だということだ。

第二の点は、当たり前のことだが原則として掲げる必要性があると感じた。未知のウィルスとその感染症であることから、不明なことだらけである。とりあえずは軽く考えずに慎重な対応をとることが妥当であろう。だから、最大限の予防を追求する。しかし、その結果ゼロ・リスクを求めてしまえば、何もできないことになってしまう。スポーツをはじめ、人と人の生身の触れ合いを教育の重要な柱と考えてきた至学館大学にとって、感染リスクを回避するために長期間学生の登校を止めることは自殺行為に等しい。ヒステリックに反応する世間の空気を怖れて本来の責務を放棄するようなことはしたくない。ゼロ・リスクを求めて自らの手足を縛るのをやめよう。

第三の「大学らしさ」とは、あまりに当然のことだが、教育と研究によって問題を解決しようということである。さらにいえば、科学的精神と理性を重んじて危機管理に当たりたいということでもある。当時、政府は大学を休業に追い込み、通学時やキャンパスでの感染を断つことを企てた。これは、短期的な政治的判断としては理解できる。しかし長期的観点で考えれば、学生をキャンパスに来させて、忍耐強く必要な予防策や生活習慣を教育することがより効果的ではないか。また、社会が未知の危険にさらされているのならば、なおさら大学が研究によって社会に貢献することが必要なのではないか。集団ヒステリアの渦中こそ、私たちは科学的、理性的に行動することが求められるのではないか。予防や治療といった自然科学だけでなく、このパンデミックがもたらす社会的、文化的な問題に関しても知見を生み出すことを求められるのではないか。少なくとも、教育と研究を止めてしまえば大学に存在価値はない。

「困難であっても大学は大学らしくしていようよ」

私は、こう宣言することで、「メディアや政治によって右往左往させられないでいようね」ということをはっきりさせておきたかった。「自粛」なるものによる「強制」が幅を利かせる異常事態に翻弄されないためには、私たち自身が「大学の自治」を真剣に捉え直す必要があると考えた。

この原則案を説明した上で、全員に意見を求めた。変更や付加すべき点についての忌憚のない意見を促したが、全員がはっきりと三つの原則に賛成意見を表明してくれた。そして、最初に出た課題のいくつかについては、この原則によって自ずと答えが明らかだという指摘もあった。

「大学なのだから、その社会的責任を果たすためには研究を放棄することはあり得ないね」

「世間の批判を怖れて学生を家に縛りつけていては、教育できないな」

「自粛は自粛であって強制ではないのだから、周りに流され過ぎないようにしよう。今こそ、大学の自治を考える時だね」

「未知のウィルスに関しても冷静さが必要だ。コロナ対策は科学的にやろう。対策チームは世界中の知見を集めてほしい」

というような指摘もあった。一方で、

「敢えて世間を挑発する必要もないので、慎重に上手にやりましょうよ。至学館は何かと目立つことが多いけど、今目立つと叩かれる可能性が大です」

という指摘もあり、一同賛成。何かと目立ってしまう主たる原因の私は、神妙にこの忠告を受け入れることにした。当面はね。

基本方針となる原則の確認に加えて、この会議では各部局における当面の緊急避難的な対応策を決定し、継続的な対応を可能にするために、二つのプロジェクトチームを作ることを正式に決定した。ひとつは遠隔授業に関する仕組みづくりを担う「遠隔チーム」であり、今ひとつは予防対策の司令塔となる「コロナ対策チーム」である。

この内、すでに「コロナ・チーム」は実質上できていて、活動を始めていた。人選も簡単。「医学上の問題は医師中心に」ということで学内の三人の医師、いずれも専任の教授たちである。至学館大学は「スポーツの大学」と世間的に考えられていて、「えっ、医者が三人もいるの?」と思われるかもしれないが、「スポーツ医学」という分野が確立していて、身体やケガについても勉強させなければならないから医学的なカリキュラム内容もかなりある。また、栄養科学科では、解剖生理学、公衆衛生学や臨床栄養をはじめとする分野が必須である。法律上、絶対に医師免許を持つことが必要とはいえないが、少なくとも望ましい。

私は、積極的に医学的分野のカリキュラムを増やし、関連分野で優秀な研究者のリクルートに努めてきた。学内には、医師でなくても医学博士である人がかなりいる。医師三人のうち、最初に我が大学にやって来たのはJ1と呼ばれるスポーツ・ドクターである。至学館の短大にはアスレチック・トレーナー養成のための専攻科があって、この分野で活躍する医師を探し、見つけた人である。愛知県にあるプロのサッカーチームのドクターであり、ハイ・レベルのアスリートの身体の調整に豊かな経験を持つ。常に冷静で論理的。三人のなかではいちばん若い。

次に見つけたのが山男こと、内科医にして日本に二〇人ほどしかいない山岳医の山男。栄養学科で公衆衛生学等の授業を持つが、本人もスポーツ大好きで登山家。山に登れば夢のように優しい水彩画を描き、リュックに入れてある笛を吹くロマンチストでもある。栄養学科の教員を探し回っていたときに発見。アイデアマンで他者を巻き込み、大胆に行動する。

山男の就任が決まった直後、ある病院の理事長から紹介を受けたのがショパン。別の大学に就任の話もあったが、優秀なスポーツ外科医だったのを口説き落とした。アスリートに対して大胆にメスをふるうとは信じられないような優しい風貌、静かで温厚な人物だ。長年の手術で培った器用な手を駆使してショパンのポロネーズを見事に弾く。あるとき、山男を交えて三人で話していてお互いの音楽への関心を知り、一緒に大学祭でコンサートを企画。私も山男のハーモニカの伴奏とショパンとのピアノ連弾をやった。曲は「となりのトトロ」。ショパンを学内三人目の医師としてリクルートしたときには、学内で少々の異論があった。こんな小さな大学に三人の医師は多いだろうという。でも、ただでさえ、大学で専任の医師を見つけるのは難しいし、能力人格を備えた人となると稀有である。見つけたときに逃してはならないと説得した。ショパンはレスリング部の部長もやっていて、部員たちに慕われている。大きな試合のときには、モバイルの超音波診断機を入れたリュックを抱えていて、ケガをした選手をその場で診察し、治療する。彼の顔を発見したときの選手の表情と来たら！　私は長年付き合っているけど、あんな顔をしてもらったことはない。

この三人がプロジェクト・チームにいれば、あとは事務局をひとり付ければいい。三人とも学内の信頼が大きいから、他の人たちも協力してくれるだろう。予防、消毒のための物品の手配があることを考えると、事務局は総務課長のニヒルが統括するのがいいだろう。

さて、困ったのは「遠隔チーム」。何せ、至学館では遠隔教育の経験ゼロなのである。普段は頼りになる副学長たちや事務局長も、？？？な状態。でも、必要になるのは間違いないので、とりあえず「ハコ」だけ作っておこうということになった。人数としては四つの学科から代表一人ずつと事務局でいいだろう。今のところ、誰もイメージできないからここはペンディング。ただし、時間はないぞ。

ＩＴ開発途上大学の救世主たち

ＩＴは苦手である。至学館大のＩＴ環境はお粗末（少なくとも二〇二〇春の時点では）だし、遠隔教育ということは、私たちの視野の外だった。光ファイバーの工事は二〇年近く前にやったきりだし、Ｗｉ－Ｆｉポイントはあっても授業に使うことは想定されておらず、学生会館である

「学歓ホール」が中心。もちろん情報処理室や貸し出し用パソコンはあるが、カメラは付いていない。学生でも家にパソコンを持っていない者も一定数いる。ＧｏｏｇｌｅやＺｏｏｍと契約していない。メイン・フレームのコンピューターは授業に対応できるような容量はない。今までネット授業に関する研修会が開かれたこともない。しかし、緊急事態宣言で大学が休業対象となり、学生をキャンパスに来させることができないとなると、無理でもなんでも遠隔で授業をやる以外に選択肢がない。頭が痛かった。途方にくれた。大学は貧乏だし、第一私自身がリモート教育について何も分かっていない。そもそも究極の機械音痴で、自宅の洗濯機にすら嫌われている。エアコンの設定も家族にやってもらっているほどのＩＴ、ＩＣ恐怖症。ネット世界の現状など全く把握できていないのだから、何が必要でいくら費用がかかるのか想像もできない。分かっていてできる人に任せてやっていただくしかないわけだが、どういう人をプロジェクトチームの中心にすればいいのかも判断できないでいた。

そんなとき、意外なところから一本のメールが入った。四月一八日のことである。発信者は、数年前までＴＶで「体操のお兄さん」をやっていたと紹介しても、たいていの人が信じてくれそうな爽やかな若手の体育系教員。准教授になりたてのフレッシュ・ガイである。メールのタイトルは「遠隔授業に関する試案」。遠隔授業システムの計画をつくるための会議が開かれることを知り、考えをまとめてくれたのである。「僭越だと思いますが……」で始まる文章には、オンデマンドとオンラインの双方の可能性について要領よくまとめられ、実験としてやってみたケースについても述べられていた。なんと「体操のお兄さん」ことN准教授はパソコン周りのオタクでもあったのだ。休日には、名古屋のアキハバラたる大須で周辺機の部品を漁っているらしい。彼の普段の言動からは、ちょっと想像できないが。

しかも素晴らしいことに、お兄さんの文章は、概ね私にも理解できた。ところどころ意味不明な用語があるものの、潤沢な資金があれば可能なことと、貧乏なIT開発途上大学でもやれそうなことが分かりやすくまとめられていた。このメールを繰り返して読むうちに、実務担当レベルで決めてもらうべきことや、その判断を実現するために私たち管理者サイドがやるべきことが見えてきた（ことばが通じるオタクって最高だよね）。

これで、いちばん頭の痛い問題は解決できそうだ。体操のお兄さんをチーフに「遠隔チーム」を組もう！　早速、学長室に来てもらって、お兄さんを口説き始めた。

私　　　「あの提案、いいね。あれを実現しましょう。でね、遠隔教育推進のために『遠隔チーム』をつくるから、あなたがリーダーになってほしい」

お兄さん「ええっ、私がチームリーダーですか?!」

私　　　「それぞれの学科からの代表は、あなたの好きなように決めてくれていいのよ」

お兄さん「私のような若輩者には、荷が重すぎる大役です」
私　「ネット関連の問題は、若輩者が得意なところでしょう。大御所たちにはできないのよ」
お兄さん「困ったなあ。ほんとうに、私に務まるでしょうか?」
私　「私も三〇代で学長を引き受けたとき、同じことを考えたわ。なんとかなるものよ。トラブルや全学的な調整については、私が責任をもつ。具体的な提案をつくってくれたら、実現のための仕事は事務局が引き受けることにする。いつでも私に直接相談してくれていい、という条件でどう?」
お兄さん「……」
私　「お願い!」
お兄さん「……。わかりました。やってみます」

やったね!
情報学の専門家は学内に存在するが、私は、この人たちがこれまでの発想の延長上でリモート授業を考えたらうまくいかないと予想していた。社会全体が一斉にテレワークを始めてネット関連の商品在庫が払底している現状では、ゲリラ的かつオタク的発想が必要だ。

それに、お兄さんはただの体育会系の人ではない。論理的な展開に秀で、それを学生に伝えることも上手いことは実技の授業を見学して知っていた。お兄さんは、ただちに各学科からのチームメンバーを決めて、仕事を始めてくれた。

「遠隔チーム」は、続く日々に素晴らしい仕事ぶりを見せてくれたが、これについては、これから順次紹介していくことにしよう。

大学はオタクがいっぱい

実は、大学というところはオタクの巣窟だともいえる。そもそも研究という行為自体が多分にオタク的である。巨大な冷蔵庫いっぱいにカビ（ペトリディッシュに入っているとはいえ）をコレクションしているとか、古文書の山に涎が止まらないとか、人の汗を収集して喜んでいるとか、変な人たちの集まりである。私はかねてより、大学教員はオタクがそれなりの社会的地位と給料を得ることのできる唯一の職業かと内心では考えていた。で、そんな大学教員はもちろん、職員たちも趣味は多彩。うちのようなミニな大学でもあらゆるスポーツはもちろんのこと、楽器はピアノ、笛、ギター、三味線をこなす人々がいるし、登山ついでに風景画を描く人、お茶、お花の素養を持つ男性、ゲーム大好き人間等々探せばいろんな人がいるのである（ちなみに事務局次長のシェフの趣味は料理で、月曜日と水曜日の私の昼食は、彼が食堂を開いて作ってくれる）。

こういう隠れた才能は普段は見逃されがちなのだが、非日常的な状況、とくに緊急事態下では発見されやすいようだ。体操のお兄さんもそうだが、彼が遠隔チームにリクルートしたこども学科のＪ女史は、ＩＴの扱いではお兄さんを上回るエキスパートであることが判明した。ネット・マジョである。マジョは至学館に来て三年目の若手。公募に応じて来た。ほかにも候補大学があったらしいが、面接のときに、なんだか目の前が明るく広がった気持ちになって至学館に決めたそうだ。最初の二年は少し不完全燃焼気味だったのが、「こども学科」からも誰かを「遠隔チーム」に出すことになって手を挙げた。そして、水を得た魚になった。

明朗で溌剌としたマジョにはネットに不慣れな教員たちからのＳＯＳが殺到し、その親切で分かりやすい指導のおかげで至学館の遠隔授業は急速にレベルアップした。マジョが中心になって開いたＺｏｏｍやＧｏｏｇｌｅの使い方研修会のひとつには、私も参加させてもらった。年配の教授たちがマジョのきびきびした指導を真剣な面持ちで聞いているのは、いい感じの光景だった。

また、別の臨床栄養学の教員は、動画づくりがなかなかの腕前であることも判明した。コロナ騒動のおかげでたくさんの新たな才能が発掘できたことは、至学館大学の今後にとって大きな収穫だが、とりわけお兄さんやマジョのような若手が活躍してくれたことはうれしい。ＩＴ関係は総じて若手の方が進んでいるから、私たち年寄りは引っ張ってもらうしかないわけだ。

この状況は、学内の人間関係をよりフラットなものにすることにも貢献してくれるだろう。

学生に学生らしくさせてあげたい

学生たちに学生らしい生活を返してあげたい。これは、キャンパス沈黙の春にずっと私たち教職員が切実に願い続けていたことである。当たり前に大学に来て、授業中に私語をして叱られて、食堂のテラスであるプラザで待ち合わせたり、お弁当を広げたりする。その向かい側の「学歓ホール」（学生会館）では、固まってノートを見せ合う学生にゲームをやっている学生や畳スペースで昼寝をしている学生たちがいる。プラザ前でボールを蹴っていたり、越境して来た幼稚園児と遊んでいたり、笑いながら歩いていたり、あるいは黙々とトラックで走っていたり……。今まで当たり前であった光景が手の届かないところに行ってしまった。学生たちは、それほど贅沢だとも思えないキャンパス・ライフを取り上げられた。政府による緊急事態宣言下の休業指定事業に大学が含まれ、大学は休業、つまり閉鎖せざるを得なくなったのだから。

私は、「自粛って何をどの程度自粛するか自分で決めるってことだから、学生をキャンパスから閉め出す必要もないのでは？」と言ってみたが、教員たちにも事務局にも猛然たる反対を受けた。各方面から攻撃されると言う。確かにそうかもしれない。そうなったら、電話を受けるのは職員たちで、私ではないのだよね。だから、学生たちをキャンパスから閉め出す結果になった。

自粛生活で自宅や下宿に閉じ込められて、彼らはどんな思いでいるのだろう。私もそうだが、他の教職員も寂しい気持ちを抱えていた。非難、攻撃から大学を守りたい思いの奥で、学生の姿が消え、がらんとしてしまった空間を眺めるのは、教職員全員にとって辛いことだった。なんとか、できるだけ早いタイミングで学生たちをキャンパスに取り戻したい。当たり前の学生生活を送らせてあげたい。だから、彼らが帰って来るときのために、しっかり準備しておかねばならない。学生たちに学生らしい生活を返すということは、私たちが自分たちの生きがいを取り戻すということでもあるのだ。

大学ってそんなに不要不急なんだ

至学館大学の学長室は、大教室がある講義棟の二階にある。部屋の前の廊下は学生の通行が屋内でいちばん多いところだ。そして部屋の窓からは、屋外でいちばん通行の多い「プラザ」が見下ろせる。つまり、学内でもっとも騒々しい場所のひとつである。その騒々しさに包まれて、学生たちが元気なことを無意識に確かめながら学長業をこなすのが長年の私の習慣だった。それだけに、学生の気配が消えたあの静けさはこたえた。学生のいないキャンパスなんて、いつまでも役者が登場しない舞台だと思う。学長室の窓からがらんとしたキャンパスを見下ろしながら、どうやって私の舞台の主人公たちを取り戻せるのか、そのことばかり考えた。

春の緊急事態宣言では、ほとんどの民間企業が休業にはならないにもかかわらず、大学は休業対象になった。社会的に不要不急の存在だという烙印を押されたようなものである。一八歳から二〇代前半の若者が行く遊園地だということか？　大学での四年間、短大や大学院の修士課程のために大学が用意している教育カリキュラムがどれほど綿密なものか、世間は知らない。これらのカリキュラムは、卒業までに順次積み上げる形で作られているから簡単に入れ替えはできない。卒業単位数やそれぞれの単位に必要な授業時間数は法律で決められている。最低の卒業単位数は四年制で一二四単位だが、わが大学のように実習系ならば一五〇単位以上になることがざらであり、さらに一年間に取れる単位数には上限がある。リモートで取れるのは通信大学でない限り六〇単位まで。つまり、長きにわたって休業すれば留年の可能性が高まる。大学を休業対象にした人々は、学生の身になって考えたことがあるのだろうか。学生たちが留年せざるを得ない事態になったら、社会全体にとっても大問題である。医療、福祉、建築、教育等多くの職業人は大学で養成されている。学生たちが卒業できないということは、必要な分野に新人が来ないということでもある。

コロナ禍で医療崩壊が危惧される状況にもかかわらず、新人医師や看護師が来てくれなければ、現場はさらに疲弊するに決まっている。また、小学校から高等学校の教育現場では、リモート授業ができる教員が不足しているのに、最新の教育を受けた若者たちが現場に出られないということでもある。他の分野でも退職する人々の補充ができなくなる。

大学の授業は遠隔でやればいいという意見があるが、これは経済学や法学など社会科学系の分野しか知らない人々の発想である。自然科学系、工学系、スポーツや教育等実習系の分野で実験や実習部分をリモートに置き換えるのはほぼ不可能である。リモート授業でのみ注射を学んだ看護師に注射されたいかどうかを考えてみれば、誰でも理解できると思う。

大学は、教育と研究を事業としている。だから休業というならば、本来教育も研究もやるな、ということになってしまうだろう。実際には緊急事態宣言下でもリモートで授業も行ったし研究もやっていたが、多くの研究者はそれが許されることかどうかも分からず、こっそりと隠れるようにして研究を続けていた。コロナ患者数の世界的な把握に米国のジョン・ホプキンス大学が活躍し、ドイツの大学がそれぞれの地域での検査に大きな役割を果たしていたのとは雲泥の差。政府やマスメディアは、もしコロナウィルスが人類社会にもたらした問題が、身体的健康問題であると同時に社会心理的な問題であり、経済システムの問題、人の生き方に関わる問題であることが理解できていれば、休業しろ、つまり研究活動を中断しろ、などとは言えなかったはずだ。なぜ、他の企業同様、できるだけテレワークにしてくれと言えなかったのか？　日本の大学は、それほど社会のなかで信頼されていないということだ。大学自身が自らの仕事について、一般社会の理解を得る努力も不足していたと思う。

まさか、秋期入学だって

「休業」というとんでもないと思われる状況に、新たなトンデモ提案が出てきた。「秋期入学」である。

大学ではすでに春、秋両方での入学が制度上可能になっている。現に秋期入学を採用している大学もある。春と秋二回の入学を行っている大学も存在する。これを全部秋期入学にするなら、選択を狭めるということで時代に逆行である。よくもまあ、こんな提案が出てきたこと！今まで、春に入学させていた大学を秋入学に変更しようとすれば、半年間待機させるためだけに教職員の給料を誰かが払わなくてはならない。誰が払うにしろ、壮大なムダ。授業のリモート化の方がずっと安い。幸いこの愚策は消えてなくなってくれたが、総理を含む政治の中枢が一時本気になったのは衝撃だった。

コロナが私たちに教えてくれたことのひとつは、政府の教育に対する無理解と無責任である。この一件をきっかけに、私たちは政府に期待することは諦めた。自分たちで判断して、自力で頑張ることにしよう。「大学の自治」ということばが改めて身に沁みる。

秋期入学騒動の最中、私は何人かの国会議員たちと、この問題で意見を交換する機会を得た。私がかつて参議院議員だった時代に仲間だった立憲民主の阿部知子議員、スポーツ系大学の学長同志としてよく意見を交換していた無所属の嘉田由紀子議員、そしてともに日本レスリング協会の副会長として一緒に過ごすことの多い与党文教族の馳浩議員らが私の考えに耳を傾け、理解を示してくれた。当時は、多くの人々も声を上げていたが、私は与野党を問わず、見識のある議員たちが頑張ってくれたおかげで、秋期入学案が消えたと思っている。当時の議員たちとの会話で心に残っているのは、大学学長経験もある嘉田さんの助言だ。「大学は、ひとつのコミュニティであり、しかも若くて丈夫な人が多いのだから、今後どうやって経済活動や文化・スポーツ活動を行っていけるのか、その社会実験の場とするべき。そして、そのための教育・研究を行うべき」と嘉田さんは教えてくれた。この指摘は、私の頭の隅にずっとあって、具体的に何をすべきか、という模索の原動力となった。

健康診断で沈黙を破る

自力で頑張る決意まではよかったが、現実は厳しかった。何しろ、教職員たちがバッシングされる恐怖のなかで立ちすくんでしまっている。学生に会いたいけど、怖さが先に立つ。

私は、なんとか学生を大学に入れるための突破口がほしかった。授業は口実にならない。日本中の大学が遠隔で授業を開始するニュースばかりで、実際にひとつの教室に集まって顔を合わせる対面授業を始めたら大騒ぎになるだろう。単発的なことでもいい。学生が入構したら感染が起きる、そしてバッシングされる、という思い込みが教職員の頭のなかで固定観念になってしまっている状況に終止符を打ちたい。学生が来ても正しい対応を準備して実行することによって感染を防ぐことが可能であることを実証したい。これができれば、達成感のなかで教職員たちも前を向いて考えることができるようになるはずだ。

最初の一件は、健康診断だった。

大学では、年に一回は学生と教職員の健康診断を行うことが法律で決められている。毎年健康診断のために出張してくれるクリニックは四月末を逃したら次にスケジュールとして可能なのは一二月だという。それでは、教育実習や管理栄養士の臨地実習で現場へ行く卒業年度の学生には間に合わない。実習先には健康診断の結果を提出する必要があるのだ。それで、四月の健康診断をやるかやらないかを議論した。万が一強行して感染者が出た場合のバッシングを怖れる多数の者と、法律も必要性もなくならないからやるべきだという少数派の意見に割れた。至学館では、予定調和のシャンシャン会議はできるだけやらないようにしているから、ときに会議は紛糾するし、時間もかかる。このときもそうだった。でも、議論を積み重ねていくと、解決不能な問題とやり方によって解決ができることは整理されてくる。この日の会議の結果は、一二月以前に実習に出る予定の学生に絞って実施。それ以外は一二月へ。大学で受けることに何らかの不安がある学生は大学が一部費用を支援する形で地元受診。四月決行の当日は消毒を徹底して動線を一方通行にし、マスク着用等の予防措置を講じた上でソーシャルディスタンスを守らせる、だった。実施にあたっては、該当学生を時間帯で分けてスクール・バスに乗せ、動線指示の標識を出し、並ぶ列に距離が分かるようにラインを引く等、事務局は大変だったと思う。しかし、やるとなったらあらゆる場面を想定して必要な対策をどんどん出して実行できるのが至学館大学職員の特性である。彼らは決定に対して気持ちを切り替え、真剣に取り組んでくれた。

やって良かった。何が不要不急で何が必要か自分たちで決めて、気持ちに踏ん切りがつき、前向きに考えられるようになった。しっかり準備する過程で具体的方策も見えてきた。感染者を出さないことに成功した。何より学生たちが笑顔だった。制限つきでも、喜んでくれた。たった一日であっても、キャンパスの「沈黙」が解けたのだ。学生たちが喜んでくれる姿を目にした職員たちは、もっと多くの学生たちをもっと長く取り戻すことに意欲を感じることになった。このたった一日の「沈黙しない春」の日を出発点にしたい。

私は、律義にラインどおりに並んで立っている学生たちの一人ひとりに声をかけて廻った。

「おかえり、大変だったね」

「大学まで来るの、怖くなかった?」

「来てくれて、うれしいよ」

学生たちもニコニコしながら応えてくれた。

「先生たちや同級生の顔が見られてホッとしました」

「ずっと寂しかったけど、大学に来て、気持ちが明るくなりました」

「大学が元通りにあって良かったよ。やっぱ、落ち着く」

「学長、エアハグしようよ」

いっしょに思い切り大空に腕を伸ばして、心を込めて空気を抱きしめた。気づいた職員が、にこやかに手を振ってきた。

リモート授業へのハードル

この時期に解決すべき問題は山積みだったが、なんといってもオンライン、オンデマンドの授業を行うことができるようにすることが最優先であり、かつハードルが高かった。

そもそも至学館の学生が「ソフト」ということばを聞いて思い浮かべるのはソフトボールかソフトクリームというのが大半である。体を動かすことに関してはどこの大学にもひけを取らないと思うが、座っていることは不得意な学生も少なくない。大学がこれまで真剣にリモート授業を進めて来なかったのだから仕方ないが、自宅の受信環境は貧弱でパソコンを持っていない学生もいる。四月半ばにＺｏｏｍでゼミをやったキャンプ副学長は、「最初はなかなかいい線いっていたのが、四〇分超えたら、パケット容量いっぱいでリタイアしますという学生が出ちゃった」と報告してくれた。夏休みを繰り下げるにしても限度がある。必須科目の教科書だけは無料で郵送してあったが、メールのやり取りだけで授業を続けるのは無理があり過ぎる。ＨＰ上に授業資料を貼り付けて学生に提供する案もあったが、これはボツ。

多数の学生たちが同時にアクセスしてきたら、お粗末なシステムは初日にパンクする。そうなれば、学生たちへの連絡、告知手段が失われる危険もある。で、体操のお兄さんたちのチームからの提言で学生たちの受信環境をそれぞれで整えてもらうために一人当たり五万円の支給を決定。これが四月末。ここで至学館大学の事務方の悪夢である「学長からの無理難題」を出させてもらうことにした。二つあって、ひとつは保護者口座ではなく、学生自身の口座に入れること、いまひとつは、五月末までに送金すること。少々の愚痴は出たが、うちの同僚たちは優秀だから、「そんな無茶な」と言いながらもちゃんとやってくれた。五月末までに振り込めなかったのは口座を通知して来なかった学生二名のみ。学長室食堂シェフの次長は新しい送金レシピを開発したのだった。やっとのことで学生のもとに動画を送れるようになり、私も自分自身の授業の動画を何本か作って大いに楽しんだ。

一人当たり五万円ずつでも、人数で掛け算するわけだから相当な出費になる。貧乏大学のやりくりを担当している財務関係者はハラハラしながら、元気よくお金を使おうとする私を支えてくれていた。ところが、ここへ来て、もうひとつお金のいる話が持ち上がった。

対面授業を始めても教室が混雑するのは避けなければならないから、おそらく当面はリモート授業と併用する必要がある。しかし同じ日に対面とリモートが重なる可能性を完全に避けようとしたら、時間割づくりが複雑になり過ぎるだろう。ということは、対面授業の次の時間には学内のどこかでリモートで受講すればいい。

私　　「ね、いい考えでしょ？」

お兄さん「学長、Ｗｉ－Ｆｉポイントが足りないです」

私　　「足りないって、どのくらい足りないの？」

お兄さん「一桁足りません」

私　　「ええっ、そりゃまずいね。だったら増やそう。局長、できるよね」

温厚で仕事熱心なホノボノ局長とは三〇数年にわたって一緒に仕事をしてきた。どんなときにも私を支えてきてくれたので、私は困ったときの局長頼みになる傾向があるのを否めない。

ホノボノ「それが、そう簡単ではないようで……」

私　　「どういうこと？　お金出したら増やせるのではないの？」

ホノボノ「光ファイバーの基幹工事が必要になります。それから後、Ｗｉ‐Ｆｉポイントを増やすのは別作業です」
私「？？？ねえ、一般の高齢ピープルが分かるように話してくれない」
ホノボノ「私も担当に聞いてやっと理解したのが、ですね。Ｗｉ‐Ｆｉポイントが車だとするとこれを走らせるためには道路が必要です。うちの道路は狭すぎて、たくさんの車を走らせることができない」
私「なるほど、それで拡幅工事が必要になるということ？」
ホノボノ「そういうことです。だから、光ファイバーの基幹工事が前提になります」
私「じゃ、やろうよ」
ホノボノ「かなり、お金のかかる工事です」
私「いくらぐらい？」
ホノボノ「どの程度のキャパを想定するかによります」
私「ふむ、何種類かの想定数値をあてはめて、概算価格を出してみてくれない？」
次の週になって出てきた概算の見積り価格を見て、さすがの私も考え込むことになった。
私「全般的に高くない？」

ホノボノ「高いですね。でも日本中でテレワークに切り替えるなかで、業者さんも強気です」
家に帰った私は、いつものように夕食を作り、同じアパートの上の階に住む娘の家族と食べた。おだてに弱く面倒見の良い私は、いつの間にか家族の食事担当になってしまっている。その分家族は、私を気遣い、やれることはやろうとしてくれる。

ムスメ「母さん、どうかした？」
私　「えっ、なんで？」
ムスメ「なんか静かじゃん」
娘ムコ「うん、僕もそう思う。大学で、何かあった？」
私　「実は、光ファイバーの工事が必要なんだけど、見積りが高いように思う。だけど、書いてある部品なんかはチンプンカンプンで値段の見当もつかない」
ムスメ「見せてよ。なるほど、こういうものだったら、値段はネットで売ってるか見ることができるはず」
私　「へえっ、そうなの。でも……」
娘ムコ「これ、僕の分かる世界だな。調べるよ」

というわけで、娘ムコはネットでコードやらなんやら、見積書の表を見ながらスマホ片手にネットでの価格を調べ、書き込み始めた。ムコは、ゲーム・オタクに加えて大学での専攻は機械工学。携帯ショップで働いた経験があるし、現在はパソコンのリサイクルに関連する企業で働いているので、内容が一定程度理解できるらしい。

娘ムコ「やっぱりかなり高く設定してあるね。三割以上高い感じだ」

私「だと思った。たぶん、社会全体でテレワークやリモート授業に殺到しているから、業者も強気なんだろうね」

娘ムコ「ママチー、よく分かりましたね。こういう物の値段、知らないでしょ」

私「なんとなく、臭いで分かる。工事はいっぱいやったし、見積書もさんざん見てきたから」

さて、どうしようか。工事をやらないわけにはいかないだろう。コロナで日本のＩＴ利用が新しい段階に突入したのは明らかだから、今後のことを考えると、しかるべきネット環境は必要だ。実は、今頃この工事のことを考えているのは、すでに遅すぎるくらいなのだ。遠隔授業を軌道に乗せるために、毎日全力で頑張っている遠隔チームの努力にも応えたい。やるとしたら、工事は夏中に終えるしかないよな。と、いうことは決断を先延ばしできない。

でも、見積り額の工事を断行したら、この後何年も財政的に苦しむことになる。学長の私はぜひ工事をやりたいのだが、理事長の私は躊躇するので悩ましい。

結果は、毎度のことながら、学長の私が勝った（だから貧乏が続くのだよ）。

理事長　「今ある貯金を貯めるのに、事務方がどんな思いで節約して頑張ってきたのか、分かってるでしょ」

学長　「分かってるよ。でも、必要なものは必要なの。これからは、平常時だって空き時間に学生がオンデマンドで授業の資料を見ることがふつうになるよ」

理事長　「今年度も赤字になるよ」

学長　「もう、なってるよ」

理事長　「いざ、という時のための貯金だよ」

学長　「今がいざ、という時でしょ。だから緊急事態宣言が出ているわけ」

理事長　「でも、やっぱり高過ぎる。もうちょっと安くしなさい」

学長　「どのくらいなら、いいの？」

理事長　「今の見積りの七割が限度だと思うよ」

学長　「Ｗｉ－Ｆｉポイントの値段も込みで？」

理事長　「そういうこと」

次の日、私は前の晩、私の脳内における理事長と学長の折衝で決まった額をホノボノに伝えた。

私　「この額でギリギリやれる工事をやってくださいな」

ホノボノ「分かりました。やってみます」

私　「見積書の表にネットで調べた価格が書き込んであるから、しっかり価格を落とせるよう交渉してね」

ほんとうは、娘ムコが調べたということは、黙っておいた。きっとホノボノは、私の意外な調査能力に感心してくれたに違いない。

同窓会からのプレゼント

リモート授業に関しては、ひとつグッドニュースが来た。同窓会は、この危機に際して後輩学生たちのために何ができるかを検討して、パソコン購入費五〇〇万円を寄付してくれた。小さな大学で、同窓生もそれほど多いわけではないのに精一杯頑張ってくれたのである。

今の同窓会の幹部には、学長室の職員がひとり入っている。「あんこ」という名前のネコを飼っているキナコである。アテネ・オリンピックでレスリング部の学生が大活躍した頃の学生で、吉田沙保里選手の一年後輩、伊調千春選手と同期である。キナコ自身はケガでハンドボールを選手として諦めたが、持ち前のリーダー資質で（スポーツ）クラブ連絡協議会という各クラブの集まりで会長を務め、アテネのときは応援団長的存在だった。卒業後、紆余曲折あって、今は母校に戻ってきている。彼女は、学長室に入る学生たちの苦労話を真剣に受け止めていた。スマホの小さな画面で動画による授業を見ていては、掲示された資料の字が読めない。だから、いちいちパソコンを持っている友だちに連絡して確かめなくてはならない。また、スマホでレポートを作成するのに四苦八苦して時間がすごくかかってしまうことも。

同窓会の幹部会議で、今の危機になんらかの形で大学に協力したいという話題になったとき、それならば貸し出し用のパソコンを贈るべきだと力説してくれたのである。そして、キナコの提案は通った。とても軽くて使いやすいパソコンだ。

これでもう、パソコンを持っていない学生もスマホの小さな画面でリモート授業を受けずに済む。こんな嬉しいことをされてしまうと、疲れていても頑張る気持ちが湧いてくる。

学生たちとのホットライン

大部分の学生たちが大学に来ることもかなわずに、前期の授業が始まっていた。孤立した環境で、先の見えない事態に直面する学生たちは、どうしているだろうか。心配だった。

とくに新入生たち。健康診断は栄養学科で臨地実習に行く学生と教育実習の必要な学生のみだったから、卒業年度の学生ばかりで、一年生は、まだ一度も大学に来ていない。あの日だけは違ったが、今はまた、キャンパスは沈黙している。近年は、ネットの発達でラインのグループが作られたりもしているという話は聞いていたが、圏外にいる学生だっているはずだ。高校の卒業式もできたりできなかったりで、ストレスの多い受験生活をクリアーしたと思ったらコロナでキャンパス・ライフも延期。おそらく、大学生になったという実感も湧かないままに遠隔授業の毎日。家で、下宿で途方にくれながら待機する日々なのだろう。各学科の担任教員からは連絡がいっているはずだし、何かあったら遠慮せずに大学に相談してくれということは、私もＨＰで呼びかけていた。でも、十分だとは思えない。

とにかく、新入生たちを一度は大学に来させたい。そして、大学生になったのだという実感を持てるようにしてあげたい。同級生に出会い、知り合う機会を持ってほしい。

四月上旬には、愛知県はまだ緊急事態宣言の対象地域にはなっていなかった。ただし、大村知事は一〇日に県独自の宣言なるものを出した。一三日から予定していた学生のオリエンテーションは断念せざるを得ないのだろうか。私自身はやりたかった。自粛はあくまで自粛であり、真に必要なことはやるべきだと考えていた。また、特措法の建付けから考えても国が地域を指定することが書かれているのだから、県が勝手に緊急事態を宣言するのは適法ではないのでは？と思ってもいた。しかし、運営会議では、圧倒的に反対が多かった。というか、実施を主張したのは私だけ。

キャンプ「世間は適法かどうかというような冷静な判断に耳をかたむける状態ではない」
ネット　「大学を消毒しまくり密を避けても、通学路のウィルスには手が届かないです」
ベンケイ「保護者の理解は得られないだろうなあ」
ホノボノ「どこかから知られたら、バッシングを招く可能性が大きいです」

ごもっとも。すべて、まっとうな意見である。

ここは、皆の健全な常識に従うのが唯一の選択肢のようだ。その他の判断力にそれなりの自信を持っていても、こと世間の常識という分野に関しては、私が劣等生なのは認めざるを得ない。

だけど、学生を放置しておくわけにはいかない。いつもの年ならば学生たちは私に相談したいことがあれば学長室に来るのだが、自宅待機ではそうはいかない。

「学生たちが気軽に学長室のドアを叩くなんてことはないだろう」

と思われるかもしれないが、実際にはよく叩く。

学生たちにとって、至学館大学の学長室は、誰に相談すべきか分からない場合の、あるいは、ほかのところで解決できなかった場合の駆け込み寺という伝統がある。パワハラの疑いのあるケースから、進路の悩み、経済的な問題、部活の問題、両親の離婚の問題もあれば、別れた恋人とヨリを戻すべきかどうか、なんて相談もある。ただ、私とサシで話をしてみたくて学長室にやってくる学生もいる。私は、学生たちの話を聞いて、対応すべき部署に回したりもするが、人生相談的な問題では、ときどき質問をするだけで黙って話を聞く。もつれた糸を解きほぐすのを手伝えば、ほとんどの学生は私と話しながら頭を整理して、自分で結論を見つけ出す。

「学生本位主義」が二〇年以上続いている我が校では、事務局の看板には「学生サポート・センター」と書かれていて、学内では「サポセン」と呼ばれている。入試の資料がある場所や危険な実験をやっている場合以外、学生の立ち入りが禁止されている場所もない。学長室も同様である。予めアポのある来客とすでに始まっている授業や会議を除いて、学長の時間を使うことに関しては学生が最優先される。不在であれば、学長室の職員がスケジュールを調べてアポを入れる。学生たちの問題はできるだけ速やかに解決すべきだし、彼らが学長室に来るのは、ほかのところでは解決できなかったことが多いので緊急性が高いからだ（若者を相手にするほうが、大人相手より私が楽しいということもある)。

至学館のカリキュラムでは、全学生が一年次に私の授業が必須科目になっていて、この授業を通じて学生は私に馴染むことになる。加えて、人数が多い授業を学長室の職員たちが手伝ってくれているので、学生たちは入学して早い段階で学長室の敷居が高くないことを知る。上級生たちも頻繁に学長室を使ってきているから、気軽に「学長に相談したら」と助言する。もちろん、学生相談室には有能で親切なカウンセラーがいるし、サポセンや教員たちも学生たちの面倒見はいい。だけど、学長室でもかまわない。要するに、学生たち自身が行きたいところを選んで相談すればいいのだ。問題をどこの部署で担当するのか、どういう形で解決するのかは大学側で判断すればいいし、連携プレーに慣れていれば、大して手間が増えるわけでもない。学長室が相談窓口のひとつになっていることが学生にとっては安心要素になっているし、私にとっては学内の現実を知るための貴重な材料になる。

コロナの影響で、学生と私のコミュニケーションが途絶えた。学生の様子が見えない。彼らの現状をつかむことができない。私は、学生のニーズは学生自身がいちばん分かっていると思っている。教職員が勝手に想像で決めるべきものではないとも考える。少なくとも私自身は、学生に聞かないと学生のための大学づくりはできないと感じてきた。この緊急事態によって、今まで以上に学生たちは困っているはずなのに、私は、彼らの声を聴くことができていない。なんとかして、もっと彼らの声を拾うことはできないだろうか。

悩んだ結果、私は全員の学生に私自身のメール・アドレスを知らせた。学生からメールが来たら、自宅でスマホでも受け取れるようにした。普段は外部からのメールは、私宛のものでも学長室長の「モリオ」のところを経由する。学長室宛には、実にいろいろなメールが来る上、私のスケジュールに関連することも多いのでモリオが管理してくれるのだ。わけの分からない誹謗中傷やセールスに対する防波堤を兼ねる措置でもある。学生に限るとはいえ、この防波堤を取り払うことには心配の声もあったが、そんな心配よりは学生とのホットラインを持つことが重要だろう。果たして、まだ顔を合わせたことのない新入生が連絡してきてくれるか不安はあったが、とりあえずやってみることにした。

最初にメールをくれた何人かは、やはり先輩在学生たちだった。アドレス配布を説明したメッセージに対する返事のようなものだ。

「部活ができなくて、体がなまるのが辛いです」とは、いかにもうちの学生らしい。

「早く大学に行きたい」という訴えが数通。

「今後どうなるのかを早く知らせてほしい。連絡が遅すぎる」というお叱り。

「新しい教科書もないのに、課題出されてレポートと言われてもムリ」というもっともな指摘が続く。

同時に、

「今は不安だし辛いけど、学長たちが一生懸命になって私たちのことを考えてくれていることが分かって安心した」

というような温かいメッセージもいくつかあって、こちらが励まされた。

必須教科書の送付

恥ずかしいことに、手元に教科書がない事実は学生に指摘されて初めて気づいた。確かに新しい年度が始まっても、教科書を購入する機会はなかったんだよね。で、私は勢い込んで次の対策会議で「学生に教科書を送るべし」と提案した。
直角　「ムリです」
直角は辣腕の教務委員長。ブルドーザーのように仕事はできる。
私　「なんで？　どうして却下？」
直角　「履修登録ができていないのだから、誰に何を送るのか決められない」

完璧に正しい言い分である。直角は、いつも直球を投げて来る。カーブの投げ方を知らないから、強引だと思う人もいるが、正論である。しかし私としては、ここで引き下がれない。なにしろ、私の学生は困っているのだ。

私　「でも、遠隔でも授業開始しないと夏休みなくなっちゃう。手元に教科書なくて、課題送ってもできないじゃない。どうするの？」

オダヤカ「必須科目なら全員が履修するのだから、教科書を自宅に送れると思います」

ベンケイ「必須科目は重要で落とすと大変だから、まずここに集中して先行的に遠隔で授業を始めてもらうのが効率がよさそうだ」

直角　「実習など対面でしかできないものは、できるようになってから集中講義もあり、ということで後回しにしましょう。で、どうやって届けましょうか？」

ホノボノ「郵送の手配しかないと思います」

シェフ　「出入りの書店にリスト渡して直接配送頼めないだろうか」

私　「名案だね。頼んでみてくれる？」

シェフ　「集金はどうしましょう？」

困ったな。また、お金の問題。

私　「費用は大学で負担できない？」
ホノボノ「そこまで、やりますか？」
私　「ダメ？」
オダヤカ「前例がありません」
私　「こんな事態も前例ないでしょ」

同僚たちの困惑は理解できる。

ただ、私は学生や保護者が、ここまでやってくれるのかと思うような大学からのサービスが必要ではないかと考えていた。学生たちは、学納金を払っているのに不十分な扱いを受けているという指摘がニュースやネットをにぎわしている。事実、そのとおりだ。緊急事態でどの大学だって一生懸命やっているだろうが、それでも学納金に見合う仕事とはいえない。全世界の国々が一斉にコロナ対策に明け暮れるようになって、人々は、どの政府が有能でどの政府がそうではないのかを比較するようになった。県知事や市長たちも然り。

きっと大学だって較べられているに違いない。比較されるのであれば、良い例として取り上げられるように努力するべきではないだろうか？　他の大学が、そこまでやっていないのは知っている。でも、それはやらない理由として正当なものだろうか？

議論の結果、会議の参加者たちは、必須科目の教科書については、大学の負担とすることに賛成してくれた。やらない理由を考えるより、やれる形や方法を求めるために時間とエネルギーを使うほうが有効だという考え方が承認されたという意味でうれしかった。

大学に限らず、日本では、何かことを進めようとすると「できない理由」がやたら幅を利かす傾向があるのではないか。ひとつでもできない理由、やりたくない理由があるとこれが拒否権の効果をもってしまう。国民性としてもゼロ・リスクを求める傾向は強いかもしれない。

コロナ対策にしても、今までのやり方を変えることに対する強い抵抗が先進国としてはあり得ない状況を作り出してきたと思う。薬品やワクチンの認可プロセスの停滞、精度が一〇〇％でないことを錦の御旗にして、世界でも最低レベルの検査体制を正当化する政府。コロナ用病室確保の失敗もある。変えるべきことを変えられない日本の姿があらわになったと思う。

キャンパス安全化大作戦

泥縄で始めた遠隔授業をレベルアップする作業が大車輪で進む一方、学内ではキャンパスに学生を迎え入れるための準備も始まっていた。そのためには、キャンパスを安全な場所にしなくてはならない。そして安全を維持していかなければならない。なのに、消毒のためのアルコールがほぼ入手不可能な状況である。さて、どうするか？

少数精鋭のプロ集団、「コロナ対策チーム」の出番である。

プロジェクトチームとしての「コロナ対策チーム」は「遠隔事業チーム」より一足早くメンバーが決まり、活動を開始していた。三月の時点で学内の医師三人（全員専任教授）に支援スタッフとして事務局担当者という構成である。医学領域のことは医者に任せるべきという私の安易な発想でメンバーが決まった。すでに紹介した通り、「山男」、「ショパン」と「Ｊ１」の三人である。

「コロナ・チーム」の最初の仕事は学内の予防ルールの策定と危険個所の発見と対策。ショパンが学内をくまなく歩き廻って危険個所を指摘し、それを同道した学生担当副学長のキャンプがメモに書きつけた。ウィルスも重力には逆らえないので床の掃除が重要である、トイレの個室では、フタを閉めて流すようにしなければならない、スクール・バスの手すりや座席は念入りな消毒が必要等々。このメモをもとに、コロナ・チームは慎重な検討の結果、入手困難な消毒剤を、どうケチって使うかの優先順位を決めた。ドアのノブやパソコンのキーボード等どうしてもアルコールが必要な場所はどこか？　トレーニング・ルームやロッカー・ルーム、トイレ、洗面所に加え、実習関係の施設は備品の管理を含めて問題が多い。これらの実習施設では、グループに分かれて実験や実習を行い、グループ内では道具や器具を使い回すので、慎重な管理が必要になる。また、食堂も大変そう。

大学らしい手の洗い方

「手は石鹸で洗うほうが望ましいよな」（アルコールの節約にもなるし）。

ということで、まず山男が手洗いキャンペーン用動画を作った。シャボン玉を使いながら、石鹸（界面活性剤）がどのようなメカニズムでウィルスを不活性化させるのかという解説の入ったサイエンティフィックなものである（たぶん、撮影はショパンである）。学生たちには、単なるマニュアル的な指示ではなく、科学的な原理を理解させて応用力が身に付くようにさせたい、という配慮である。

学長室の仲間たちとできあがった動画を見て、

「さすがだなあ。大学らしいなあ」

「小・中学校ではこういうものは作れないね」

「あのシャボン玉は、どうやって作ったのかしら」

などとコメントしながら、私自身がコロナ禍における学生の心得全般を解説した動画と抱き合わせでＨＰに貼り付けた。

とにかく、学生たちには、手をしっかり洗ってもらいたい。学内、蛇口が存在するすべての場所には、「手洗いポスター」が貼りだされた。貧乏大学では、こういうものはすべて手作り。

蛇足だが、小まめに手を洗うことは、想像以上に大切なコロナ対策ではないだろうか。欧米より一桁も二桁も違う感染者数に関して、日本人の手洗いの習慣がその要因のひとつではないかという指摘があるが、ひょっとするといちばん大事なことかもしれない。小さい頃から習慣になっていてあまりに簡単だから軽視しているのかも……。ただ、考えてみると、水道水が高品質であることが前提条件になる。我々日本人は、どうして他の国の人たちはもっと手を洗わないのかと不思議に思うが、手を洗っている水をそこまで信頼できないのかもしれない。水道水を飲むことができるレベルの国に住んでいて良かった。

次いで、ショパンたちがとても分かりやすい形で予防のポイントを解説してくれたので、それからのキャンパスの改変は早かった。事務局各部門は、それぞれ競い合って縄張りで大工仕事やポスター作りの仕事をはじめ、どんな材料をどこで安く手に入れてきたかの自慢話に花を咲かせていた。すぐに業者を呼んだりせずに何でも自前で解決する意欲は、長年の貧乏学園生活で身についている。しかも、それをけっこう楽しんでやってしまうステキな文化がある。

私が廊下を歩いていると、就職相談室の中から声がかかった。中をのぞくと、室長の「ギター」とディレクターの「プロモ」が何やら作業中。ドアを開けて入ろうとしたら、透明なビニールのカーテンのような物にジャマされた。

私　「これ、何？」

プロモ「感染対策ですよ」と誇らしげ。

プロモは以前の職がイベントのディレクターで、現場の設営にも経験豊かなのである。どうやら、室長のギター（本物のギタリストで軽音楽部の指導もやっている）を口説き落として感染対策現場の設営中らしい。部屋全体が様変わりしている。

私　「これ、全部、自分たちでやったの？」

プロモ「もちろんで」

私　「スゴイねえ」

傍で温厚なギターはニコニコしている。

プロモ「隣の部屋も見てください」

連れて行かれた隣室は、就職相談に来る学生の面談室なのだが、風景がスタジオ化している。

プロモ「就職希望企業との面接がリモートでできるようにしました」

私　「なんだか大がかりだね」

プロモ「少しでも学生が賢そうで感じよく見える角度を捉えられるようにカメラを調節できるようにしてあります。このカメラ、一万円でゲットできました」

と自慢げ。

私と一緒に歩いていた学長室長のモリオは、この光景に触発されたらしく、次の週に登学して学長室に入ろうとしたら、入り口でいやに分厚い透明ビニールのカーテンに衝突した。どうやら、感染対策ブームがモリオを通じて学長室に到達したらしい。

こうやって、少しずつ「コロナ感染予防キャンパス」が建設されていった。

「コロナ・チーム」が各施設・設備の使用ルールを決め、内容は使用時にすぐ分かるように、ポスターが貼られた。面白かったのは、トイレである。ルールとしては便器のフタを閉めてから水を流すということなのだが、ポスターを個室の内側のドアに貼るべきか、フタに貼るべきかで論争があったらしく、行くたびに場所が変わっていた。

サランラップを探せ

ある日、ホノボノが深刻な顔で学長室にやって来た。

私　「どうかした？」

ホノボノ「やっぱり、圧倒的に消毒用のアルコールが足りません」

私　「足りないのは知ってるよ。で？」

ホノボノ「情報処理室のパソコンのキーボードが問題なんです。『コロナ・チーム』から一人が使用するたびに、キーボードを消毒するべきとの指導があるのですが、どこをどんなに探してもアルコールはほとんど見つからない。このままでは、情報処理室を使う授業はできなくなってしまう」

私「なるほど、こりゃ、困ったね。対面授業までは、まだ少し時間あるわけだから何かいい方法があるかもしれない。考えてみようよ」

その日、家に帰ってから真剣に考えた。といっても家族の夕飯を作りながら、である。と、運命は、仕事と家事をしっかり両立させているけな気な私に微笑んだのである。冷蔵庫の横に置いたサランラップが私の目に飛び込んできた。これだ！

翌日、今度は私がホノボノの部屋に行く。

私「サランラップは品薄じゃないよね」

ホノボノ「サランラップがどうかしましたか？」

私「うん、大量に調達しようよ。学生がパソコン使うときに、キーボードの上に敷くの。使用後に外したら、いちいちキーボードを消毒する必要はないよ」

ホノボノ「それを職員がやるのは、かなりの作業になりますよ。大丈夫かな？」

私　「そうだね。だったら教室に何本か置いて、学生自身にやってもらえばいいよ。使い終わったのを捨てるゴミ箱はいると思うけど」

ホノボノ「確かに。とりあえずサランラップ発注しましょう。ないよりいいと思います」

ホノボノは、サランラップを大量に買い込んだ。対面授業が始まってしばらくは、キーボードをサランラップで包んで使用し、終わったら取り外して捨てるということに学生たちも協力してくれた。少し使いにくかったようだが、文句は出なかった。至学館大学には、今も大量のサランラップの在庫がある。栄養学科で潤沢に使っても、使い切るのに何年かかかると思われる。そういうわけで、消毒剤が出回っている現在も、キーボードにはサランラップが使われている。

コロナ禍におけるスポーツ

「コロナ・チーム」の役割は、感染の危険性を予想し、これを最小化しながら大学を運営するための方策を考えることである。当然スポーツ活動も含まれる。チームの検討で明らかになったのは、やはりスポーツによる危険が他の活動よりはるかに高いということだった。

ウィルスは目に見えないが、いろいろなところに付着している可能性がある。トレーニング・ルームの器具、ロッカールームの設備・備品、ボールやバット、ラケットなど。できるだけ密を避け、小まめに消毒し、ボールや用具を共有しないことだが、限度がある。同じボールを使用するバレーボールやバスケットボールをパスの合間に消毒するなんて不可能だ。結論として私たちにできるのは、どういうところにウィルスが潜んでいる可能性があるか、どういう行動が危険なのか、そしてなぜなのかということを徹底的に学生に教えることしかない、ということだった。細かくこれをしてはいけない、これはこのようなやり方ならしてもよい、というようなルールを作ることはやめよう。それより、ウィルスの生態や活動、感染のメカニズムをしっかり学ばせ、予防の基本を示して、危険を自分で察知し回避できるように教育するしかない。

部則の見直しと予防対策

学生たちは、身体を動かしたくてうずうずしている。いくつもの部活から、練習の許可がほしいと嘆願がきている。私たちは、これを啓蒙作戦に利用することにした。

まず、部則を点検して人間関係をとことんフラットにすること。先輩後輩の関係がシビアな体育系人種の習慣を変えるために、これまでもあの手この手の作戦を展開してきたが、体質になってしまったものを変えるのは難しい。至学館レベルのアスリートたちは、小学生の頃から同じスポーツをやってきていて、多くは昔ながらの「オレについてこい」式の上下関係に馴染んでしまっているから、なかなか切り替わらない。少し目を離すと元の木阿弥状態。

コロナは、ある種チャンスだと考えた。下級生が用具の手入れをすることや、掃除をするようなルールをすべて部則から失くすこと。

「感染予防のためには、全員総出で消毒等の予防対策を行うべし」

という大義名分である。

また、

「部活によって感染することが心配で躊躇する者に一切の強制はまかりならん」

ということもルールにした。体育会系人種は概して人権感覚が鈍く、やたら集団的に統一的な行動をとりたがる傾向がある。個々の考え方やプライバシーを尊重するという考え方が希薄なことも多い。我が校もかつてのことを考えるとかなり進歩したが、それでも自慢できるかというと疑問が残る。体育系の活動には、暗黙のルールや「伝統」と称する押し付けが幅を利かせる傾向も強く、私たちは長年これと闘ってきた。部則は一見まともでも、運用段階では書いていないことが重視されていたりして、チェックするのは困難。トラブルが発生して初めてよからぬ慣習が定着していたことが発覚するケースも少なくない。私たちの大学では、数年前から、

「明文化されていないルールや慣行は一切認めない。発覚した場合は処分対象」

ということにしてあるが、部員たちも部則を読んでいなかったりして定着に時間がかかっている。

しかし、今回はルール厳守を徹底させないと大変なことになりかねない。Ｃｏｖｉｄ19に感染すれば重症化する恐れのある家族をもった学生もいる。やりたくないことを強制した結果が生命の問題につながることだってあり得るのだ。活動を再開する条件として、絶対に「強制」をしないことを強く求めることにした。コロナはとことん鬱陶しいが、ときに改革のために利用できる場合もあるのだ。

これに加えて、それぞれの部における活動のスケジュールや活動内容と予防対策のあり方を文書にして提出し、審査に通った場合のみ条件つきで練習等の活動を認めることにした。

部内で予防対策に関して議論し、ルールを作るというプロセスを科すことによって、どこに危険があり、何をしなければならないかを自分たち自身で考える機会をもたせようとしたわけである。もちろん、感染者が出た場合には、即許可を撤回するという警告も出した。

体育会系人種は欠点もあるが、仲間を大切にするという美徳ももっているので、仲間に迷惑をかけたくなくて、予防対策に励んでくれるにちがいない。

これらのルールは、基本的にベンケイとキャンプの両副学長と私で作ったのだが、許可の申請先はキャンプだったので、申請をさばくのにけっこうエネルギーを使ったらしい。いくつかの部から部則のモデル版がほしいとせがまれてマスター部則をつくってみたが、人のいいキャンプは皆の希望を入れすぎてしまう。そのたびに私から却下をくらって苦労していた。

競技による危険度の見極め

至学館のスポーツ活動は部活だけではない。スポーツ系の学科を中心に実技の授業も豊富にある。体育教員の養成のためにはさまざまなタイプのスポーツを一通りやることになっている。競技のタイプや特徴によって、感染の危険度にはばらつきがあるに違いないと漠然とは考えていたのだが、しっかり検討してみたことはなかった。それで、両副学長に学内で展開する各競技の危険度を判定するための基準づくりと競技の危険度ランキングをつくってもらった。授業や部活を指導する教職員には、自らが指導する競技の危険度についての理解が必要だということである。厳密に科学的な測定等を行ったものではなく、必要性からこれまでの体験知に基づいておおざっぱに指定した暫定的なランキングである。今後研究を進めてエビデンスのあるデータが出てくれば変えていく予定である。

ランク（1）ほぼ「帰宅部」同等。帰宅部とは部活無所属のこと。野外での活動であること、

人と人の接触がごく限られていることが条件。

陸上競技のほとんどはこれに該当。

ランク（2）野外で行う競技で人と人の接触があまりない競技。

テニス、野球、ソフトボール、ラクロス、水泳など

ランク（3）野外でプレーヤーが入り乱れて戦うボール競技、屋内でネット越しに分かれて戦うボール競技、屋内の個人競技。

サッカー、バレーボール、体操、弓道など

ランク（4）屋内でプレーヤーが入り乱れて戦うボール競技（チーム間にネットなし）

バスケットボール、ハンドボール、学館ボール（至学館独自のボール競技で発案者は登坂絵莉（オリンピック・チャンピオン）と仲間たち）

ランク（5）屋内で人と人の濃厚な接触が不可避である競技

柔道、剣道、レスリング等の武道、ダンス

このランキングを作っておいたことが、後にＰＣＲ検査の頻度の目安を考える上で役立った。ただ、注意しなければならないのは、競技自身の危険度が高くなくても、着替えのためのロッカールームの使い方が悪かったり、タオルやユニフォームの貸し借りがあれば、危険度は一気に増すことだ。アップやクール・ダウンの際の距離の取り方も重要な要素である。また、競技によっては、合宿所を設けているものもあり、その場合は、やはり危険度は上がるものとして注視の対象としなければならない。至学館では、レスリング部とバレーボール部がこれに該当する。

レスリング部を守るには？

案の定、レスリングは最も危険なスポーツのカテゴリーに含まれていた。

女子レスリング（男子はないので）は至学館のシンボル・スポーツである。高校生、大学生、OGが一緒に練習している上、OG以外はレスリング寮で共同生活をしている。そんな悪条件が重なっていて、しかもオリンピック選手を抱えているからいつまでも練習を止めておくわけにはいかない。良きにつけ悪しきにつけ注目される存在だから、クラスターをつくってしまったらどんな騒ぎになるか、想像するだけで頭が痛くなる。

ショパンがレスリング部の部長であることは、せめてもの救いだったが、私たちが心配するのと同様、いやたぶん私たち以上に選手たちはストレスを感じていたと思う。二年前に起きたパワハラ騒ぎを経験した彼女たちは、マスコミの怖さ、しつこさを知り抜いている。いかに嘘が誇張されて全国に拡がるかも分かっている。もしレスリング部にクラスターができたら、万が一オリンピック選手に感染させてしまったらとの心配のなかで暮らしていたと思う。ショパンと栄監督を中心に、毎朝体温を測る等、体調管理のルールを作り、最初は個人別のトレーニングから始めて、小グループに分けて短時間の練習をやってみるなど、おそるおそるの試みを始めることができたが、オリンピックに向けた練習としてはこの上なく不十分なのは明らかだった。

コロナで授業は遠隔になっている上、明らかにこれまでのような練習ができていないことは、選手たちにとって、大きなストレスになる。全員、オリンピックを目指して小さい頃から頑張ってきたのだから当然だ。これまでは、練習がきついことで互いに愚痴を言い合うこと、そしてこの練習に耐えて心身を維持することについてはさんざん経験してきて対処法も根づいている。しかし、その反対の状況は完全な未知との遭遇であり、部の伝統のなかにも対処法はない。いつも選手たちの食事を作り、相談相手になっている寮母さんが心配を伝えてきた。寮母さんは、心から選手たちを愛していて、いつも仕事の範囲を超えて選手たちの世話をしてくれるから、「お母さん」と呼ばれて慕われている。海外の遠征では、わずかなフリーの時間にお母さんへのお土産を探しまわる選手たちを、私自身何度か見ている。

お母さん「選手たちの口数が少なくなって、表情も暗いのが心配です」

私「これからどうなるのか、いつ、ちゃんとした練習ができるのか分からなくて不安なのだろうね」

お母さん「そうだと思います。雰囲気もよくない。あんなに陽気で仲のよかった子たちが、一緒にいることも怖れているように各自部屋に閉じこもりがちなのです」

私「密になるな、って言われ過ぎたのかも」

お母さん「先日も、ちょっとしたことで言い争いが始まりました。いつもなら、笑って済ませるような小さいことで。なんだかピリピリした雰囲気です」

私「なにか、やれることあるかしら？」

お母さん「学長、一度寮に来てもらえませんか？　あの子たちは、学長の言うことだったら素直に聞くと思います」

こんなわけで、私は、レスリング寮を訪問した。授業をすることはもちろん、日本レスリング協会の副会長として試合や遠征にも同行しているし、一緒に困難な時期を越えてきた仲間だから、ほとんどの選手たちはよく知っている。でも、この日の選手たちの表情は暗くて硬くて、私と目を合わせようとしない。それでも、寮内にいる選手たちは全員食堂に集まって私の話を聞く体制をとってくれた。

私「君たち皆、不安だらけだよね。ウィルスは見えなくてどこにあるか分からないし、練習が十分できていない焦りもあるし……。でもね、レスリングの試合で勝つためには体力や技術だけでなく科学的な知識やメンタルの強さも必要だよね。この辛さや不安に耐えることで、今、君たちは心の筋トレをしているのだと考えてみて。それからね、ウィルスは肉眼では見えないけど、科学の目で見ることができる。新しいウィルスだから知識は不十分だけど、それでも科学的素養があれば、一般の人々より見える。レスリングと同じで敵を知らなければ勝てないのだから、相手のウィルスについて知ろうと努めなさい」

少し、顔が上がってきた。メモを取り始めた子もいる。私は足早に不足する消毒剤の使用を優先すべき場所や手洗いでの注意を終えてから、免疫力の重要性についてミニ講義を行った。厳しい練習が日常になるアスリートはスポーツ性貧血と同時にスポーツ性免疫低下が起こりやすいことと、これが起きるメカニズム、不安や心配などのストレスも免疫の低下に繋がることを説明する一方、適切な生活習慣を維持することで免疫力を上げることも可能であることを説明した。

私「大事なことはね、病気になるかならないかは、ウィルスの増殖する力VS君たちの免疫力の試合の結果であるということ。免疫力を上げるためには、次の三つ。ひとつには十分な栄養。壊れた免疫細胞を効率よく再生させるためにはタンパク質やミネラルのバランスのとれた食事を心がけて。次に十分な休養。質の良い睡眠が大切。そして三つ目はよく笑って明るい気持ちでいること。よく笑う人は免疫力が高いということはたくさんの研究の結果で明らかになってるの」

私はウィルスが一個でもあれば感染するわけではなく、千もしくは万の単位のウィルスに襲われない限り通常感染は起きないので、過度に神経質になってしまうことはストレスを高めるので良くないことも教えた。そして最後に、

私　「一に栄養、二に睡眠、そして笑顔。これを忘れないでね」

と念を押して寮をでた。「じゃね」と呼びかける私に、今度はたくさんの笑顔が目を合わせて見送ってくれた。

数時間後に寮母さんからメールが届いた。

「学長のお話で娘たちが明るくなって、あの後すぐに掃除と消毒が始まりました。一に栄養、と誰かが口にすると周りから二に睡眠、そして三に笑顔と唱和して、一緒にケラケラ笑い合っています。どうしていいのか分からずにいたのが不安だったのですね。私も勉強になりました。しっかり栄養のあるものを頑張ってつくります」

あの娘たちが三つのルールを言い合っている姿が見えるようで、ものすごくうれしかった。同時に、今対策としてやっていることはムダではないにしても、フルに練習をさせてあげられないという意味では根本的な解決ではないことを忘れまい。何か、もっとやれることがあるはずだ。

一年生たちに会える

五月一三日、時間差を設けて密にならないようにしながら新入生のオリエンテーションを学科別に決行した。まだ緊急事態宣言は続いていたが、これ以上待つべきではないと判断したのだ。例年ならばゴールデン・ウィーク明けの頃から五月病にかかる学生が出始める。このまま新入生たちを放置すれば、そのまま退学するものが続出しかねない。

もちろん、今回も議論になった。私が決行したいと言い出したときには反対者の方が多かった。それで、この人たちのおかげで、学科別に時間差をもうけること、大学に来るのが不安な学生には強制しないことを通知文に明記することや、その場合資料は別途送付する方策が付け加えられた。

当日、私たちの不安は杞憂で、ほとんどの新入生が来てくれた。いつもの新入生が入学式で見せるのと同様の緊張した面持ちで、それぞれの教室に座っていた。私は各教室を廻って自己紹介をし、ここまでの不便を詫びるとともに、とにかくどんなことでも気軽に相談してほしい旨を伝えた。教壇から部屋の出口まで歩く途中で、笑顔で目を合わせてくれる学生たちがどの教室にもいて、幸せな気分になった。

私も、君たちに会えてうれしいよ。

数日後、新入生から私に初めてのメールが来た。来る日も来る日も遠隔授業で出る課題をやり続けているのに、どんどん新たな課題が増えていく辛さが書かれていた。まるで出口の見えないトンネルの中にいるようで、涙が出てきたと。そして入学したことを後悔している思いが綴られていた。

頭を殴られた気分になった。なんてドジな私なのだろう。教師たちに早く遠隔授業を始めてもらうことばかりに気をとられて、同時に課題が殺到する学生の状況に全く考えが及んでいなかった！

その日、大学でもできる限りテレワークに切り替えていたので、私は自宅にいた（私の場合には主にテレフォンワークなのだが）。すぐモリオに電話で指示を伝えた。今月末までは、これ以上学生に新たな課題をださないよう全学に伝えること。そして、今後は学科長たちが各学年に出されている課題を把握して学生の負担が大きくなり過ぎないように調整すること。

この決定は、次の日に謝罪のことばともに、ＨＰで学生たちに私のメッセージとして伝えられた。メールで実態を知らせてくれた学生には、別途謝罪とともに感謝を伝えた。彼女は返信で、やっぱり退学はしないで学生を続けますと伝えてくれた。

学生たちをひどい目に合わせたことは事実であるが、教員たちにも同情の余地はある。

第一に遠隔授業は未知の分野。事前研修はなし。「遠隔チーム」は大車輪で郵送、メールでのやり取り、ネット利用の範囲と使い方について範囲を限定し、使い方のルールを決めてくれたが、それが当時の限界だった。休業指定され、教員たちも基本はテレワークだから、会議も研修もままならない。ネットで会議を行おうとしても、教員の自宅の送・受信環境や機器の準備に問題がある。急激な需要増でカメラ等パソコン関係の周辺機器は店の棚から消えている。それでも大学として必要な機器は一応確保したが、教員たちの自宅用までは手が回らない。緊急事態宣言が出る前に、事務局のスタッフが自宅でテレワークに使用するためのパソコンを揃えるのが精一杯だった。そんな具合だったから、教員たちは自力で「遠隔授業」なるものを始めるしかなかった。やり方も、自宅のパソコンに取り付けたカメラを駆使して動画を制作して、オンデマンドで使えるようにしたり、オンラインでゼミをやったりする教員がいる一方で、資料を送付してレポートを求めることが中心の教員もいた。郵送やメールで資料を送っての授業ということになれば、説明が不足がちになる。学生から課題が提出されてもそれを読んで成績をつけるのに精いっぱいで、学生へのフィードバックが不足するケースも多かった。当然、学生は届いていないかも、あるいは自身のレポートを要求されたことからずれているのではないか、と不安に陥ることになる。しかし、教員も忙殺されていたのである。

教員それぞれが数科目の授業を担当していて、科目ごとに対面授業でやるはずだった内容を手持ちの手段による遠隔授業用につくり直し、受講者のリストを点検しながらやり取りを行うのである。そのひとつひとつは簡単に見えることも仕事量は多い。毎週の分をこまめに送るべきところを一度に数回分の課題を送り付けて、学生を泣かせた教員もいたことが調査で判明した。学生全員への郵送は、最初の頃には事務局が各教員からの資料を集めてやっていたが、郵送料がかさむことから、頻度が限られていたのである。自宅のパソコンを駆使して対応できていた教師もいたから、学生たちは教員によって授業の質がばらばらであることに苦しんだと思うが、教員たちももどかしさを抱えながら、それぞれの限界と戦っていた。

全体の混乱に関しては、私にも責任がある。至学館が遠隔授業に関して準備不足だったのは、私が不熱心でこういう危機を想定していなかったからである。貧乏大学な上に、スポーツやボランティア活動が大好きな学生たちの要求に応えるので大変だったという事実はあるにしても、無関心すぎた。環境さえ整っていれば、ネット授業の運用にかかる費用自体はそれほど大きなものではない。やってから気づくようではどうしようもないが、アンテナが低すぎたことを反省している。また、教師たちに後期が始まる前に前期の授業を終えておくようにプレッシャーをかけたのも私である。当時、私は秋から冬にかけて再び大きな波が来ることを予想していたから、後期の授業も止まる可能性があるとみていた。だから、キャンパスでしか実施できない実習なども前期中に済ませておかないと留年問題が発生する可能性もある。学生たちのためにこれは絶対避けたい。そのために、遠隔授業でやれることをできるだけ多く済ませておいて、対面授業の再開準備も急ぐよう関係者に要請していた。短期間であっても夏休みも確保したかった。人使いの荒い学長のムチャな要求に応えようとして教員たちも必死で頑張ってくれていたと思う。

意外に感じられるかもしれないが、ＩＴを使った遠隔授業にどれだけ早く馴染めるか、という点で大きな男女差や年齢による差は見られなかった。理系の教員の方が文系の教員より適応が早いかと予想したが、この予想も外れた。理系の教員でも動画を作れない教員もいた一方、文系で他の教員に教えることができるレベルの人もいた。むしろ、こども健康・教育学科では、小学校教員養成のための教職課程に電子黒板の利用法の授業が準備されていたから、ある程度研究が進んでいてリモート授業への対応も早かった。

学生たちの声は、私たちなりの遠隔授業システムをゼロから構築する上で貴重だった。私自身への直接メールの指摘に加え、「とにかく相談」という方針に対し、学生たちはたくさんの問題点を指摘してくれた。担当教員へのメールで、担任教員への訴えで。あるいは、サポセンへの連絡、学生相談室への相談や部活動の部長やコーチたちへの相談というかたちで。そのひとつひとつの問題がなぜ発生したかを検討する過程で、私たちの遠隔授業システムは少しずつ改良を重ねた。ただし、学生の訴えをすべて受け入れたわけではない。ときには、学生の訴えをすげなく却下ということもあった。

学生　「図書館の本も書店の本もウィルスが付いているかもしれないので怖いです。読書の課題をパスすることを許可してください」

私　「ネット書籍買って読んでください」

等々。サボりたいための訴えは容赦なく却下されたが、理由をていねいに説明したので学生たちは受け入れてくれた。かなり根拠のない訴えでも学生たちの声が聞こえ、姿が想像できるのは楽しかった。サボろうとする学生と対決することができるのも久しぶりのことである。笑いを噛み殺しながら、できる限り真面目くさって対応した。

後に夏のある日、対面授業が始まっていたキャンパスですれ違った男子学生たちに声をかけられた。

学生1「学長、ありがとうございました。課題の量のことで動いてくれて、ほんと、うれしかったです」

学生2「ほんと、死にそうでした。大学辞めようかと思った」

私　「君たちが教えてくれたから動けたよ。また困ったら教えてね」

とにかく相談しやすい環境をつくろうという方針は正しかったと思う。私たちは、その後も学生からの相談によって多くの必要性に気づかされ、これを手掛かりにして未知の状況にそれなりの対応をすることができたと思っている。

第二章　一進一退の夏

初夏。キャンパスはみどりに包まれている。私たちは前へ進もうとしていた。行きたいところは分かっている。でも、どうすればそこへ行けるのか。決定的に解決策が不足している。何か重要なピースが欠けているジグソーパズルをやり続けている気分。他の同僚たちに見えていないことを見つけるのが学長の役割なのに、それができていないもどかしさ……。

普段は強気で楽天的な私も、悲観的な気分になることが多くなった。それでも時が進むにつれて気を取り直し、試行錯誤とともに少しずつ前に進む覚悟が変わらなかったのは、支えてくれる仲間たちがいたからだ。

学長室と仲間たち

至学館の学長室は、通常のイメージからかなりずれているらしい。「らしい」というのは、私たちの当たり前に対して、初めての来客が皆、驚くからである。まず、部屋の様子が期待を裏切る。学長室は二つに分かれていて、作業部屋にあたる部分に机がぎゅうぎゅう詰め。学長の机もここにある。本来学長がいるはずの奥の部屋にはそっけない応接セットと食卓のような会議テーブル。数年前まではこの部分に「学長らしい」机も鎮座していたが、しょっちゅう隣の部屋と行き来するのも、職員を呼びつけるのもイヤで、ほとんどの時間を職員たちのいるところに居座ってしまったので、倉庫へ行った。使い勝手の追求の結果、長年の間にこういう形ができあがったのである。

「もっと、豪華な部屋を想像していました」

と言われるが、これでも豪華になったほうだ。

学長就任時に全体的に貧弱だったキャンパスの施設・設備を改善するにあたって、学長室は最後にすると決めた。まずは、学生のよく使うところから少しずつレベルアップした。その結果、学長室の応接セットは長い間学生相談室のお古を使っていた。別に高級品が嫌いなわけではないし、今となってはそこまで余裕がないわけではないが、学生や、若い教職員が敷居を高く感じるような調度はジャマなだけ。気楽に入って来られることが必要条件だと考えている。結果として千客万来でありがたい。人が集まれば、必ず情報も集まる。

外見より、スタッフたちとその働き方は、もっと「普通」からずれているかもしれない。さしあたり担当が決まっていない仕事は学長室が引き受けることが慣例である。小規模の大学でも、やらなければならない仕事の多様さは大規模大学と変わらない。大企業と中小企業が別次元の規制で動いている一般社会と違って、大学はどれほど小規模であろうと法律上大企業扱いになるから常にスタッフが足りない。で、うちの大学では全体としてできるだけ細かい部門を避けている。ひとりでいくつかの部門を引き受けているスタッフが多い。

学長室もその例外ではない。学長室は、企画室と広報室を兼ねている上、国際交流も引き受けている。学長室のスタッフは総勢で五人。室長のモリオは企画室長でもあり、広報室長でもある。このモリオの指揮のもとで、柔軟かつ迅速に多様な仕事をこなす。それぞれの仕事に一応の担当者は決まっているが、これに縛られることはない。この一年は、コロナ対策のために企画の仕事と学生への対応が増えた半面、国際交流の仕事は減ったから、ひとりで国際交流部門をこなすMs.「テキパキ」が、遊撃手のようにオーバーフローしそうなところで頑張ってくれた。テキパキは日本有数の国立大学の職員をしていたのに、わざわざ公募に応じて至学館にやって来た変わり者。しかも、この職場が気に入っていて、「タニオカクニコ研究所長」を名乗っている。その研究所については一切が不明であるが……。テキパキ自身は優秀・有能が服を着ているような人だが、勉強苦手の学生たちをこよなく愛していて、忍耐強く面倒をみてくれる。

モリオとテキパキに加え、あと二人の専任職員と非常勤の職員が一名。同窓会の副会長でもあり、自分の授業も持っているキナコは、名古屋で東日本大震災直後に立ち上げた複数大学の学生たちのボランティア団体の代表も兼ねていて、ニュースでもよく取り上げられるバリバリな女性。おまけに至学館の教育理念「人間力の形成」を具現化するために設置された「人間力開発センター」の仕事を、所長であるキャンプのもとで引き受けている。二人の会話を聞いていると、どちらがボスなのか判然としないが、当人たちが満足気なので結構。キナコは、卒業して数か月もしないうちに燃え尽きて家に閉じこもった時期がある。これを私が引きずりだして、政治家時代に秘書として働き、その後大学院で突如賢くなってしまい、首席で卒業して母校に戻ってきた。キナコは周囲からの需要が高いので、ほとんど学長室に座っていられない。しかし、それを埋め合わせるだけの新鮮な情報を学長室にもたらしている。

もうひとりの専任は就任二年目の二〇代の男性である「ムスコ」。福島出身で高校卒業直後に東日本大震災と原発事故に遭遇。大学を卒業して数年間、東京にある全国的福祉団体の本部で働いていたが、パソコンと向かい合うだけの毎日に飽きて至学館に転職した。剣道ではかなりのレベルの文武両道派であるが、外見はひたすら穏やかで優しい。現在、モリオにしごかれている。

当然だが、学長室のスタッフたちは、私の秘書的な仕事もこなしてくれる。学長としてのルーティン業務の補佐はもちろん、空腹になるとめっきり能力が落ちる私のために、いつも誰かがピッタリのタイミングでおやつも出してくれる最高の支援者たちだ。私が何か疑問を口にすると、誰かがすばやく情報や資料を用意してくれる。室長モリオの企画支援能力とスケジュール管理は完璧で、国会でもこれ以上の秘書にはお目にかかったことはないほどだ。おまけに、私の考え方を完全に理解してくれていて、それを大学内外の必要な人や部署に伝えることにも長けている。私自身が悩んだり、迷ったりしているときも、頭を整理する仕事を手伝ってくれる。モリオがいなければ、私は現在の半分も仕事ができないのだろうと感じる。そしてモリオが指揮をとるメンバーたちは、全員ものすごく仕事の質が高く、しかもスピーディ。

授業の補佐もある。学長が授業をもっている大学は多くないが、私は学生たちの実態を把握し、次の改革のきっかけを掴むためには授業ほど便利なものはないと考えている（単に学生と顔を合わせ、彼らをいじるのが好きということもあるが）。

この数年の私の授業は、一年生全員の必須授業である「大学論」と四年生対象の「人間社会と法」。これに「哲学」の冒頭の授業や教員免許更新の講座などである。これらの事務作業はかなりの量になるが、学長室のスタッフが手伝ってくれているので、なんとかやれている。事務作業だけではない。キナコとムスコの二人は、毎回の授業に参加して学生たちから提出された質問に対しても考えを述べる。学生たちが悩む問題に関しては、答えの選択肢が多いほうが良いという判断でこうなっている。キナコにいたっては正規に環境と災害、ボランティアに関する科目も担当している。そして、このような事例が教員と職員の垣根を低くしている。

遠隔授業になって、全教員の授業関係の仕事は増えたはずだが、私の場合、とてつもなく増えた。オンデマンドの録画を制作し、オンラインの授業を企画する仕事、一回ごとの授業で学生が出してくるレポートを読みチェックする仕事と成績づけ等々。五〇〇人近くいる一年生と一〇〇人以上の四年生のデータ管理だけでも大変な量になる。私がこの状況でサバイバルできたのはムスコが集中的にこれを引き受けてくれたからである。リモートのための機械のセッティングと操作、学生への連絡とデータ管理を手回しよくやってくれて、私は授業の内容づくりとレポートチェックに集中できた。そして、どうやってリモート授業の特質を生かした筋書きや演出が可能かと、いろいろ実験してみることを楽しんだ。画面を見ている学生たちを飽きさせずに集中させるというのは、とてもチャレンジングな仕事だと思う。とくに一年生たちは入学式で顔を合わせる機会もないままに遠隔での授業が始まってしまったので、彼らのモティベーションを保つためにどうするかで悩んだ。こういう悩みへのヘルプに関しては特別な才能を発揮するスタッフがキナコ。学長室のスタッフになった今も、学生の応援団長的存在で事務局においては終身宴会幹事推挙の話もある。私の遠隔授業づくりでは相談相手になってくれるとともに、ときどき画面に飛び込んで学生を笑わせた。私がマジメに講義している横でバナナを食べていたので、対面授業が始まった直後には新入生から、

「あっ、あの人バナナの人だよね」と言われていた。

私は、大学という個々人の自由や多様性が重んじられるべきシステムにおいて、組織的な対応が可能になるためには、全体を統合するための柔軟で機動的な部署が不可欠だと考える。そして、その役割を至学館で担っているのが学長室である。教員組織と事務局は考え方が全く違うし、学生たちも別次元の存在である。学長というひとりの人間が、必要な全体情報を収集し管理するとともに、しかるべく活用するなんてムリだ。少なくとも、私にはできない。気軽に関係者が出入りできる学長室があって、ここでともに考え行動してくれる仲間がいて、ある程

度の仕事ができていると思う。とくに、コロナ・ウィルスの到来とともにテレワークで、大学には私を含め全スタッフの半分しか集まらない時期が長く続いた。このような状況で、何から何まで根本的に作り直す作業を行い、個々の対策を統合的かつスピーディに実行にうつすようにしていくのは大変だった。学長室の調整機能があったからどうにか乗り越えられたと思う。また、私が一人の生身の人間として試練を受け止めることができたのは、いつも温かくてユーモア溢れる仲間たちと同じ部屋で仕事をしていたからだと思っている。

対面授業開始への試行錯誤

緊急事態解除が視野に入った頃から今後の授業をどうするのか、学内では議論が続いていた。選択肢は三つである。

(1) このまま前期の終わりまで遠隔授業を続ける。
(2) できるだけ早期に対面授業だけに切り替える。
(3) 遠隔と対面のミックスで対応する。

単純な三択問題にみえるが、これは大きな問題なのだ。

大学における時間割づくりや教室の配当の複雑さは、高校までのそれとは次元が違う。高校では多くの場合学級単位で科目や教室を割り当てればよいが、大学ではただでさえ科目数が多い上、選択科目が含まれるからクラスの人数はバラバラである。授業の種類も、講義、演習、実験、実習に分かれ、それぞれにやり方が法的に規定されている。国による指導要領がなくて自由である反面、それぞれの教師が担当できる科目は専門分野の狭い範囲に限られているので、何か起きると代替の非常勤教員を探すのも一苦労。専任教員には研究時間を確保するために研修日を設けてあるので、これも調整しなくてはならない。学生側への配慮も必要だ。法律で決められている卒業要件は一二四単位以上となっているが、必須科目はひとつも落とせないから、前年度これを落とした学生が次の学年の必須科目と同時間帯にぶつからない仕組みもほしい。これに教員免許や保育士免許をはじめ、いくつもの専門家養成のための科目群も加わってくる。時間割づくりは、熟練のプロが必要な作業である。

コロナ・ウィルスによって前年度のうちに何か月もかけて準備した計画は吹っ飛んだ。感染予防だけでも仕事は大幅に増えているのに、社会における大学の重要性や、休業要請によって中断される事業の困難さを理解しない政府の頓珍漢な対策のおかげで、大学は休業していることになっているから会議だって気軽に開けない。そして時間だけはムダに消えていく。すでに遅れに遅れているカリキュラム進行を、これ以上遅らせておくと大変なことになる。三択のどれを選ぶにしろ準備に時間がかかるのだから、早く決めなくてはならない。

困ったことに、三択のどれにも支持者が一定数いて、その主張は正当なものだった。意外にも、年齢や専門分野、教職員と学生の区分に関係なく、それぞれの案を押す意見があり、また強い反発もあった。しかもどの案にも長所と同時に大きな問題があり、実施するためにハードルが存在した。

（1）の遠隔オンリー案は感染予防を最も重視する人々に支持されていた。家族に高齢者や病気の人、あるいはエッセンシャル・ワーカーや小さい子どもを抱える人たちがこの考えに傾くのは当然である。学生も同様で、とくに地方から長時間かけて公共交通機関で通学する学生は不安が大きかった。この不安はＣｏｖｉｄ19が全く新種のウィルスであるため、症状や致死率等分からない点が多すぎたこともあったのだろう。分からないもの、その上見ることもできず、どこにあるのかも確認できないものは、恐怖心を増幅する傾向があると思う。これに加え人間が怖い、つまり他人による「非難が怖い」という思いも強くあった。

広島や京都の学生の感染では、報道によってネットが炎上し、大学に抗議が殺到。学生は差別を受けた。バイトを首になった学生の話や、当該大学学生の入店を貼り紙で拒否するケースもあった。もし我がキャンパスで感染者が出て、その結果クラスターになったらどんな目に合うか分かったものではない。避けたい、絶対避けたい！と考えるのも理解できる。

ただし、この案には三つの重大な欠陥があった。

第一に、実質的に学生たちを放置している。先が全く見えない状況で、強いストレスにさらされている学生を孤立させている。コロナ禍に限らず、最も深刻な問題を抱えている学生たちは容易に声を上げない傾向が見られる。相談する意欲すら失ってしまうのだ。私たちは、相談してくれる学生の意見を手掛かりに、できるだけ学生の現状を知ることに努めたが、すでに学業を諦めて、退学に傾いている学生がいても不思議ではなかった。生きる意味を見失って絶望している学生もいるかもしれない。若者が感染すれば大きな非難を浴びるトレンドに恐怖を感じている学生、閉じこもる生活に強い不安を感じている学生、バイトを失って困窮している学生に対して必要な支援ができていない。

遠隔派「なんでも相談してくれって、ずっと言ってるじゃないですか」

対面派「大学のＨＰも全員が見ているわけではないです。とくに一年生は私たちの顔も知らない子ばかりですよ」

遠隔派「政府だって、学生の困窮に対してはいろいろと対策出していますよ」

対面派「政府の広報やニュースをしっかり見るような学生ばかりじゃありません。手遅れになるまで相談して来ない学生が多数いることは分かりきっているでしょ」

至学館大学は、学生がキャンパスで出会う人々と交流し、学問はもちろん部活やボランティアを通じて学び成長することを強調してきた。それなのに遠隔授業のみなら通信大学と変わらないではないか、というのが遠隔オンリー案への強い反対意見でもあった。とくに、スポーツの現場やボランティア活動と係わる人々は、キャンパスでの活動が止められていることを重要な契約違反だと感じていた。スポーツは至学館のキャラそのもの。スポーツ系の学科だけでなく栄養や子どもの学科所属でもスポーツに打ち込む学生が多いから当然である。これに対して、部活のみ許可して授業は遠隔という案も出たが、私が却下した。身体の接触を避けることが限りなく困難なスポーツ活動を許可する一方で、もっと安全な対面授業を避けるなんて完全に非科学的であり、主客転倒も甚だしい。スポーツも大切だが、学業に優先するようなら、もはや大学とはいえまい。

第二に、遠隔授業の効果には疑問がある。これまでの主に海外での研究では、遠隔授業が対面授業と同等の効果をあげないことが明らかになっている。自己管理がしっかりしている学生やＩＴ機器の取り扱いに不自由しない学生では対面授業以上の効果をあげる場合もあるが、これは少数派である。

対面授業に比較して、成績は平均点が低くなり、単位を落とす学生は増える傾向がある。パソコンを開くこと自体を先延ばしする学生もいるし、夏休みの宿題のように課題を貯めてしまう学生、出し忘れる学生もいる。オンラインでは機械や通信の不具合が起きがちである。また要領のよい学生は、予め撮っておいた自画像を画面に貼り付けてどこかへ遊びに出かけたりもする。他のある大学では、遠隔授業の出席をごまかす方法が学生間でやり取りされているという噂もあった。まして、教職員も学生も不足しがちな体験知、通信環境で開始した今回の遠隔授業である。これだけに頼ることには心配が大きかった。

加えて、遠隔授業が効果的に使えるのは演習と講義に限られる。スポーツや調理、保育・教育関係の実習ではムリがあり過ぎる。

第三に、遠隔オンリー案は、法律上の危険性を伴う。大学に関する法律の規定により一般の大学と通信制の大学では設置基準に大きな違いがある。一般大学は一二四単位以上とする卒業単位のうち、最大六〇単位までしか遠隔授業のみで単位を与えることができない。緊急事態などの特例として、今回文科省はさらに柔軟な対応を認めるとしているが、これは超法規的措置である。しかも最初から認めていたわけではない。私たちがこの問題を検討していた時点では、六〇単位が上限であった。

学生たちは一般的に三年生までに大半の授業を取り終える。四年生時には卒業研究等を別にして就職の準備にかかることが普通だからである。いつまで続くのか分からないコロナ対応で遠隔授業に頼り切ってしまったら早期に上限に達してしまい、学生が進級できない、あるいは卒業することができなくなるおそれがある。そもそもコロナ・ウィルスに関する一般的常識から考えても、次の秋から冬には大きな波が予想される。流行が下火になりやすい初夏から夏の時期にできるだけの実験や実習をやっておくべきである。

歴史的にも一年間だけで収束した新型ウィルスによるパンデミックは聞いたことがないのだから、長期的に持続可能な方法論を持つべきである。

とまあ、私たちは律義に考えたわけだが、現実には信じられないほど多くの大学がほぼ一年間を通して遠隔授業のみで対応した。きっと多くの賢明な大学は文科省がどんどん規制を緩めてくることを見越していたのだろう。最初に、対面と遠隔をミックスして数回ずつの授業を行った場合は対面授業と認めるという通知が来た。ずいぶん経ってから、今度は、オンラインなら全て認めるということになった。だとすると通信制大学と何が違うのだろう。

以上、いくつかのもっともらしい否定的な主張が繰り返し行われた議論のなかで示されたが、私はこれらの大部分が、実は表向きの大義名分であったように思う。強硬に遠隔オンリー案に反対した教職員たちは、実のところ学生が不在でキャンパスが静かなことに耐えられなかったのである。

私自身もそうだ。とにかくナマ身の学生に会いたかった。彼らの笑顔にホッとし、「うるさいなあ」とぼやきながら元気なことを喜び、放出されるエネルギーを空気のなかに感じているのが私の生きがいなのだ。たぶん、学生依存症なのであろう。学生に必要とされたい以上に、私が学生を必要としていることを思い知らされた休業期間だった。コロナは、私たちにとって学生がどれほど大切な存在なのかを改めて確認させてくれた。

（2）の全面的に対面授業をしたい、つまり私たちがこれまでやってきた至学館の教育を続けていきたいという案に賛成の人たちは多数いた。活発なキャンパス活動が魅力で入学してきた学生たちはもとより、教職員も同様だ。「遠隔チーム」のメンバーとして懸命に大学のシステムを構築し、啓蒙を続けてきた人のなかにも「コロナ以前」へ戻りたいと痛切に願う人はいた。

「遠隔も慣れたけど、なんか充実感がないよね」

「そうそう、教室だと空気が感じ取れるのに、画面では学生の空気がつかめない」

「学生の居眠りや私語さえ懐かしく思えてくる」

「自室にずっとこもって課題やってる学生なんて、想像するだけで涙が出てくる」

「とにかく学生に会いたい。我々は学生がそこにいてこその存在なんだなあ」

ただ、こういう発言をしても、実現が当面不可能であることも明白だった。理由は、単純に容量オーバーだから。いわゆる「密」を防ごうとしたら、キャンパスの大きさを倍にしなくてはならない。教室も体育館やトレーニング・ルームに食堂、ラウンジ等々すべて。スクール・バスだって今の二倍必要だ。たとえ豊かな資金があったとして（ないけど）、調達できるわけない。時間もない。

少なくとも「新しい生活様式」なるものに従って感染予防を組み入れようとする限り、私たちのキャンパスは絶対的に小さ過ぎる。これを無視するようなリスクを冒してクラスターを発生させたらとんでもない非難を浴びるだろう。そして、全面的な遠隔に戻るしかなくなってしまう。悔しくても諦めよう。

全国的には、少数ながら全く遠隔授業なしで済ませた大学がある。いったい、どうやってそんなことが実現可能だったのか興味深い。

残る案は、対面と遠隔のミックス案。遠隔オンリーが絶対イヤで対面オンリーは絶対ムリなのだから、これしかないのが現実。ただし、ものすごく面倒で厄介な案でもあった。
私　「一体全体どこから始めたらいい？」
ベンケイ「すべての施設、教室のキャパを定員の半分と見立てるしかないかな？」
ホノボノ「すでに全教室や食堂、ラウンジの椅子の半分をテープで封印しました」
直角「授業の半分は遠隔にしてもらって、あと半分は対面になるよう先生方と調整します」
私　「半分といっても、実習や実験は対面しかやれないから最優先だね」
ベンケイ「大教室は数が少ないから人数の多い講義はできるだけ遠隔にしたいな。大人数がキャンパスに集まることを回避しやすいだろう」
キャンプ「非常勤の先生にはムリをお願いするのも恐縮だから、希望する方でやってもらいましょう」
マザー　「感染の不安を強く感じるタイプの教員は遠隔にしてあげないとストレスが強くなりすぎると思います」
マザーは臨床心理学の教授で学生相談室長。学生たちの優しいお姉さんのような、つまりシスターなカウンセラーたちを率いている。教職員たちも手軽にカウンセラーたちを利用するので学内の心理的現状をしっかり把握している。マザーな男性として多くの人々に慕われている。
ベンケイ「かなり複雑な作業になりそうだな」
直角　「先生方の準備の時間も必要ですから、すぐとりかからないと」
私　「じゃ、それで可能か作業にかかってみる？　いいかな？」
一同異議なし。
ここまでは、まあよかった。
教務委員長である直角から各学科長たちに意向が伝えられ、非常勤を含む教員たちの希望を集約する作業が始まった。ふたを開けてみると、教師たちの希望は簡単に区分できるようなものではなかった。たとえば、授業という観点からは一教員である私にも希望を書き込む用紙がきたのだが、その紙を前に考え込むことになってしまった。

　大人数の講義は教室の制約が大きいからなるべく遠隔にしたいのだが、すべてを遠隔に回すと六〇単位問題が出てくるから、「大学論」の科目内部でも対面の回数を確保しながら遠隔も利用したい。全一年生必須科目である「大学論」の内容は動画でも伝えられるが、私と相方教員のヨイコ、手伝ってくれているキナコやムスコに馴染んでもらうことも目的のひとつだ。それに、授業を聴く態度や学生生活に対する基本的な姿勢について注意喚起や助言を重ねながら、学生の自己形成能力の基盤をつくる科目だから学生の出す空気に適切に対応したい。となると、やっぱり対面だよな。すでに動画は何本か用意して使い始めているから残りはできるだけ対面にしたい。もう一、二本は動画やオンラインもありだけど。

　なんのことはない。申し訳ないことに、一教員としての私は、率先して学長（私）が会議で決めた基本方針を破ってしまったのである。おまけに、二五〇人ほどが定員だった大教室の現在の定員は半分。私が前期に持っている二つのクラスはどちらもひとつの教室に入り切らない。

私　　「どうしよう。溢れちゃうよ」
モリオ　「二つに分けるしかないですよ」
私　　「二回に分けるの？　学生が他の授業取ってなくて教室も都合よく空いている時間あるの？」

モリオ　「難しいでしょうね」
私　「あっさり言わないでよ。どうすりゃいいの」
テキパキ「二つの教室の間を繋いで同時にやってはどうでしょう」
私　「大教室どうしなら、今までも繋いだことあるけど、もっと離れた教室しか空いていなかったら、うまく繋がるだろうか？　運よく空いていたとして」
ムスコ　「繋がるかどうか、実験してみます」
というわけで、ムスコとキナコはいつも私が使っている教室と候補になりそうな教室を遠隔で繋ぐ実験を開始してくれた。結果は、大成功！
あとは、オダヤカたち教務のお許しが出るかどうか。教室がその時間満杯ならあきらめるつもりだった。こういうところで学長であることは利用したくない。皆、ぎりぎりのところで調整作業をやってくれているのだ。
ラッキーなことに許可は出た。しかも、真上の繋ぎやすい教室だ！「運よく空いていましたよ」とモリオが笑顔で報告してくれた。半分に分けた学生たちを週ごとに教室を入れ替えれば、私とヨイコがふたつの教室を合同で管理しながらほぼシラバスどおりにやれる。キナコとムスコも交代しながら授業参加と機器の調整、録画をやってもらう。
「大学論」を私と一緒に受け持つヨイコは四〇代の女性で、至学館大の前身である中京女子大に「アジア文化学科」があった時代の第一期生だった。付属高校生だった当時のヨイコは、成績も超低空飛行で欠席、遅刻の常習犯。高校教員たちにとっては、生活指導上の頭痛の種になるような生徒だった。生活指導問題で罰として書かされた作文が、「アジア文化学科」広報プログラムの一環として行われた「作文コンクール」に勝手に出されて入賞したことから、その感受性と表現力が審査した大学教員の目にとまった。本人は大学進学など全く考えず、バスガイドになるつもりが、私に説得されて大学に入学し、変身して優等生になった。後に国立大学の大学院で博士課程の前期、後期をオールAで修了して母校で教鞭を取ることになった。専門は「高等教育史」、「スポーツ史」。学内で最も男子学生の人気が高い女性教員かもしれない。ヨイコが「大学論」で語る自らの体験は、自分の可能性を諦めかけた学生たちがチャレンジ精神に目覚めるための原動力になっている。

この頃、おそらく全教員がそれぞれの担当科目についてさまざまな問題を抱え、対応策に頭を悩ませたと思う。

私の耳にも、

「水泳実習は戸外でやるからいいとして、どうやって着替えさせよう？」

「調理実習の各グループに人数を半分にしてテーブルに配置しようとすると、全面的に内容を調整しなければならない」

「アリーナの内部ではマスクは必要か否か。必要なら、どうやって入手する?」等々。

具体的に準備に入ることでいくつかの問題が見えてきた。これらのハードルひとつひとつに具体的な解決策を見つけながら全体を調整し、時間割を急いで作るには、どれほどの創意工夫とエネルギーが使われたことだろうか。

最終的に教員たちの調整をした直角教務委員長（少々文句の声も聞こえたが）や、オダヤカを中心とする事務局スタッフには感謝してもし切れない。とくに事務局のスタッフは、たくさん残業してくれたのだろうと思う。幹部は残業手当もないのにね。そんな無理をさせている犯人は誰だ?　それは私です。

ごめんなさい、ごめんなさい、ごめんなさい。


試行錯誤は、これで終わりではなかった。

教室や施設の配当と時間割は大学と教員たちのおおよその希望を入れてまとめることができたが、学生に観点を移した途端に別の問題が見え始めた。遠隔で満足している学生はいまさら対面?と思うのであり、大学に来たくてたまらない学生は遠隔がなくならないことに不満なのだから当然ではある。学生の疑問の声は、さまざまな形で入ってきた。もちろん直接私に宛

てたメールもあった。その内容は、

「遠隔授業の課題を忘れないようにするだけでも大変なのに、さらにややこしくなりそう」

「毎日使わないのに、定期買わなきゃいけないのですか？」

「スケジュールを管理できる自信ありません」

「対面授業のない日に部活があったり、その反対だったりで、結局毎日行かなくてはならないのに、さらに遠隔も？」

「家のパソコンは使い慣れたけど、学校に持っていくのは重過ぎる」

「教室が密でなくても、通学の電車やバスでは密になります」

「毎日でなくても不安はあります。家族が病気療養中だから、絶対うつしたくないです」

だよね。言いたいことは理解できるし、共感もします。

私は、すでにここでも述べたように、遠隔だけでは進級や卒業が危うくなる可能性があること、実験・実習なしに卒業できないこと、遠隔のみの授業では成果が下がるという研究結果が出ていること、家庭の事情や通学経路によって不安の大きい者は、申し出てくれれば実験・実習以外では代替措置を考えること等、ＨＰで説明して学生の理解を求めた。

一方、学生をキャンパスに迎えるにあたって、大学のほうでもいろいろ問題に対応する必要が続出した。

まず、スクール・バスの運行。増便するといっても、限度がある。費用もそうだが、置いておく場所だってない。

シェフ「ルールで対応するしかない、というのが結論です」

私「ということは？」

シェフ「マスクの着用、全員座らせて、会話は禁止」

私「できるかな」

シェフ「やるしかありません。学生たちに注意する人間を駅に配置します。この者たちが並び方についても整理します。距離を空けるように」

私「うわっ、列がとんでもなく長くなりそう」

シェフ「駅の裏側まで使えるように交渉しました」

私「すごい。早業だね」

事務局は、いつも私が「そこまでやるか？」と思うぐらい綿密に細部まで検討してくれる。しかも迅速だ。中身のある打ち合わせができているのだろう。我が大学もそうだが、マスクの買い出しで列ができた薬局やスーパーなど、今までとは違う人のさばき方を見事に工夫した場所を当時はたくさん見かけた。日本の現場は、こういうところで創意工夫を凝らすのが全般的に上手みたい。上部構造より一般庶民がしっかりしていると思うのは私だけだろうか。
事務局は、学生食堂のスタッフとも綿密な検討を行った。密を避けるためのミニ改造を手伝い、座り方や食事中のルールを決めた。メニューについては、総務課長の「ニヒル」が説明してくれた。ニヒルは、至学館に来るまでは銀行で働いていて態度・所作は四角い感じのダンディなオジサマという感じ。よく知るとそうでもないが、一見ニヒル。

ニヒル　「ビュッフェは当面なしです」
ホノボノ「ホテルなども皆、ビュッフェはやめているそうですから」
私　「残念だねえ。一グラム一円、量り売りのビュッフェはおもしろくて学生の評判も良かったのに」
ニヒル　「汁ものもなしです。ラーメンとか、うどんとか」
私　「どうしてなの？」
ニヒル　「啜って食べるときに飛沫が飛びます」
私　「なるほど」
ホノボノ「その代わり、コンビニのほうにはカップ麺を多めに置いてもらいます。食堂では危ないですが、外で食べるのは許容範囲かと思います」

トレーニング・ルームの使用ルールも改正された。これまで、うちのトレーニング・ルームへの学生の出入りは自由で、片付けがちゃんとできていない、などと叱られることはあっても、気楽に使えることが重視されてきた。しかし、時代が変わった。コロナ時代には安全を優先するべきである。

ショパン「コロナ対策チームの結論は、一日二回の全面消毒。午前と午後に一回ずつです。これ以外に器具を使う者には使用前と使用後に消毒を義務付けます」

私「アルコール足りる？」

ホノボノ「トレーニング・ルームは最優先するしかないと思います」

ショパン「入場者は入室時間と退室時間を分単位で正確に記録します。陽性者が出た場合の濃厚接触者を判断する上で必要です。学外者の使用は禁止。学生証でチェックします」

ホノボノ「これまでうちは規制が緩くて、他大学の学生が勝手に来ていても大目にみていましたが、今はちょっとね」

私「了解」

その他、学内のありとあらゆる場所の使用を見直した。小さなキャンパスだと思っていたけど、こんなにいろいろな施設や設備があったのだ。

もうひとつ、厄介な問題で頭を抱えた。
どこを探しても、十分なマスクが手に入らない。学内はマスク使用がルールだが、相手は学生なのである。ルールを無視するヤツ、単に忘れたヤツに入手できない者が毎日出てくるにちがいない。今の在庫なら何週間もつか？　ホノボノをはじめ事務局はあらゆるところを探してはいるが……。
学長室に戻ってため息をつく。
私　「どうしよう。マスクをゲットできないと授業始められないかも……」
テキパキ「買えないなら、作るしかないのでは？」
私　「工場買うの？」
テキパキ「布マスクです」

そうだ、やっぱり彼女は賢い。布マスクを作ろう。いや、私は裁縫とはことごとく相性が悪いから、誰かに作ってもらおう！　私も少しぐらいは役に立ちたいと、名古屋で有名な生地を売る店に出かけた。ところが、布マスクの材料になるガーゼ生地の棚はカラッポである。
ところがその夜、アパートの大家さんが開いている居酒屋に寄ったら、大須商店街のドンのひとりが来ていて、耳よりの情報を教えてくれた。

ドン　「古着屋でさらしの生地が売れ始めているんだ。何に使うのか聞いたら、布マスクを作るのだって。ガーゼ生地にいちばん似ているらしいよ」

それだ！　翌日、私は娘と手分けして、大須で見つけられる限りの古着屋を廻って在庫のさらし生地を買い占めた。いざとなったら、学内にマスク工房を開いて、学生自身にオリジナルマスクを作らせることにしよう。

モリオ「学長に刺激されて、高校の鼓事務長が石川の工場で大量のゴムひもをみつけたみたいですよ」

鼓は、付属高校の事務長である。お能の舞台で鼓を打つような優雅な大和撫子であると同時に有能で責任感旺盛なキャリアウーマン。

私　「やったね。これでマスクをいっぱい作れる。ミシン見つかるかな」

モリオ「高校のミシン借りて、学生談話室に置きます」

私　「マスク工房完成！」

モリオ「付属幼稚園では、すでに先生たちがグループつくったようです。材料を分けてくれとの依頼が来ています」

私　「いいよ、分けてあげて」

実際に「マスク工房」は六月の上旬には開設されて、布マスク作成のための講習会も開かれた。ただし、その後はマスクも出回るようになり、至学館大学はさらしの在庫も抱えることになった。サランラップとさらしを材料にしてできるものって、何かあるかしら？

キャンパスに学生が帰ってきた

念願かなってキャンパスに学生を取り戻したのは六月一日だった。

私　「おかえり、君たちに会えてうれしいよ」

私が講義棟の外の庭で声をかけると、笑顔と元気な声が返ってくる。

学生１「おはようございます！」

学生２「あっ、ガクチョー、おはようございます！」

学生３「ただいまあ！」

私　「今年のサクラはきれいだったのよ。見せられなくて残念だよ」

学生１「帰って来られただけでいいですよ」

学生２「だよね。やっぱ、ここに来るとホッとするね」

私　「なんだか庭の木や草も君たちに会えて喜んでいるみたい。空気が変わったよ」
学生4「クニコさんも寂しかった？」
私　「ものすごーく、寂しかった」
学生5「私たちのこと、愛してるもんね」
私　「うん、愛してる」
いつのまにか、私のそばに一〇人ほどの学生たちが立ち止まっている。
学生6「今はこれ以上近寄ってはダメなんだよね」
私　「残念、ハグしたいのに」
学生7「じゃ、エアハグしよう！」
全員で何度も互いに笑いかけながら、腕を振り回した。
輪の中には入らないけど、三人ほどの男子学生が微笑みながら通り過ぎて行く。
一年生らしき数人は、びっくりした顔で立ち止まってこちらを見ている。この子たちもすぐ慣れて、私と気軽にことばをかわしてくれるようになるだろう。
一年生たちへの最初の対面授業は衝撃的な体験だった。講義室に入るときには、ガラにもなく緊張した。新入生たちの顔も緊張している。そして空気が少し硬い。でも、授業を始めてみると、どんどん空気が和らいできた。全員がものすごく真面目な顔で授業に集中している。

九〇分間、最後まで、私語は一言も聞こえなかった。こんなことは初めてである。顔には出さなかったはずだけど、私は少なからず驚いていて、なんだか感激していた。

学長室に戻って合流したヨイコやキナコも同じ印象をもっていた。もう一方の講義室も全く同じだった。モニターに現れた私の授業を聴いているのだから、さらに集中は途切れやすいはずだが、全員が最後まで真剣に聴いていてくれていたそうだ。その講義室の様子は、私がいた部屋のモニターに映っていたのだが、部屋の空気までは分からなかったのだ。出席票を兼ねて提出させている学生たちの手書きのメモを見て、さらに驚いた。例年なら、授業の最初のほうでは空白部分が目立つのに、どの紙にもびっしり字が詰まっている。自由に授業で印象に残ったことをメモし、感想や質問を書くことになっているのだが、内容も充実している。おまけに、どれもちゃんと日本語になっているではないか！

「対面授業、楽しかったです」

「途中で一曲聴く時間があって気分転換できたので集中しやすかった」

「学長の授業だから難しいかと思ったけど、分かりやすくて納得できた」

「全然予想と違っていて、これからが楽しみ」

「一限目の授業は、朝起きるのが辛い。遠隔に戻してください」

「学長は、どこで服を買っているのですか？」

コメントの内容はいつもの年と大きな差はないのだが、誤字脱字が少ないこと、読みやすいきれいな字が多いことに目を見張った。

家に閉じ込められてひたすら課題をやっていた二か月間は辛かっただろうが、学生たちは成長していた。泣く思いを抱えながらレポートを書き続けたのはムダではなかったのだ。毎年の新入生より飛躍的に文章力が高くなっている。要するに、スポーツ大好きで座っているのが苦手な子が多いわが学生たちも、実はやるっきゃない状況では文章力を上げることができるのだ。これは新鮮な大発見である。海外でのいくつもの研究では、スポーツが得意な学生は、ちゃんと勉強し始めると平均より高い結果を出すということが報告されている。地頭はいい子が多いのだ。知ってはいたが確認したのは今回が初めてである。おまえたちは、サボっていただけなんだね。これは、覚えておくぞ。

いまひとつ、遠隔授業の二か月は大学生活への飢えを育てたように思われる。今まで当たり前に見えたことが遠くへ行ってしまって、手が届かないものになった。そんな時期を体験して、やっと大学にやってきた学生たちはすべてに貪欲になっていたように思う。授業で語りかける私たちに耳を傾けるのみならず、積極的に目を合わせてくる学生が多いことも、学生たちの積極的な姿勢を物語っていた。人は集中すると耳だけでなく、目でも聴くようになる。

次の週の授業の際に、私は彼らの授業態度を誉めまくった。学生たちもうれしそうだったが、私もすごくうれしかった。コロナ・ウィルスの登場以来、人々が互いに不信感を募らせ、社会が荒んでいくことを感じてきた私にとって、辛さを前向きの努力で克服してきた学生たちの存在は、心を癒してくれるものだった。

学生と「新しい生活様式」

授業やスポーツに貪欲な学生たちは、お互いの交流にも貪欲だった。孤独な時期を過ごし、ようやく一緒に過ごすことができるようになったのだから無理もないのだが、ともすればくっつき過ぎる。というより、離してもすぐくっつく。まるで磁石を内蔵しているみたいだ。

その上、マスクをしていない学生も混じっている！

これでは、お国の専門家の皆さんが推奨している「新しい生活様式」にはほど遠い。

私だって、「新しい生活様式」は好きではないし大いに疑問をもっている。「当面の生活様式」と言われれば受け入れようという気持ちになれるかもしれないが、「新しい生活様式」なんて言われたら、これを死ぬまで続けなければならない感じで抵抗したくなる。「ソーシャル・ディスタンス」も然り。物理的な距離という意味で「フィジカル・ディスタンス」でいいではないか。物理的な距離はとっても心の距離は近いままでいたい。社会もばらばらになってほしくない。しかし、本音はどうであろうと、遠隔オンリーが多い愛知県で率先して対面授業に踏み切ったのである。成功させるためには、クラスターを発生させるわけにはいかないのである。

対策を協議した。アイデアはいろいろ出たが、皆で忍耐強く、こまめに注意するというありきたりの方法に落ち着いた。ペナルティなんて論外である。そういうやり方では、私たちが見ているところでは正しく振舞っても、本当の意味では定着しない。外の、もっと危険な場所で危険な振舞いを続けるに違いない。教育者は、教育で問題を解決すべきである。

教職員は、それぞれのキャラに応じて学生に注意して回った。ショパンやヒゲの山男らコロナ・チームの医師たちは科学的な合理性について説くことによって、物理的距離の重要性やマスクの効果を理解させようとした。ベンケイは強面の外見を生かして、

「マスク持ってないのか?」あるいは、

「鼻、出てるぞ」、

「こら、くっつきすぎだ」などと注意して歩いている。

ステキなやり方をしていたのは、ホノボノ事務局長。マスクをしていない学生を見つけると、

「マスク持ってないの?」

と語りかけながら、ポケットから使い捨てのマスクを取り出して差し出すのだ。学生は恥ずかしそうに、「ありがとうございます」と呟いて受け取り、急いでこれをつける。

私は「お願いモード」で通した。

「お願いだから、もう少し離れてくれない」とか、

「お願いだからマスクしてちょうだい」

「このくらい大丈夫だと思って、もしクラスターができちゃったら、また大学を閉鎖することになるかもしれないでしょ。君たちに会えなくなるのは寂しすぎるよ。悲しすぎる。だからお願い、気をつけて」

この泣き落としはかなり効果的だった。学生たちは例外なく素直に「分かりました」と言ってくれた。教育で解決しようというのは時間がかかることである。自覚を促し、習慣を定着させるのには忍耐しかない。やっても、やっても不届き者は出てくる。でも、私たちは警察でも裁判官でもないのだから、教育するしかない。コロナは、私たちが教育者に徹する覚悟を教えてくれたと思う。

ＰＣＲ検査やれるかも

五月の教授会の直後、「コロナ対策チーム」の山男に呼び止められた。

山男「学長、ちょっといいですか?」

私　「はいはい、なんでしょう?」

山男「学内でＰＣＲ検査をしてはどうかと考えています」
私「えっ、ＰＣＲ？　うちで？」
山男「そうです。このままスポーツ活動を規制し続けたら至学館大学はもちません。とくにうちの大学のレスリング部には全国の期待がかかっているのに、いちばん身体接触が激しい競技だから不十分な練習しかできていない。オリンピック選手たちが思い切り練習できる環境にする必要があります。それには定期的にＰＣＲ検査をして感染していないことを確認しながらやるしかないと思うのです」
私「できるのですか？」
山男「できます。学内には現在二台のＰＣＲがあります。そのうちの一台を使えれば、教職員と学生全員を一定の周期で検査できるはずです。レスリングのような特別危険な種目は、頻度を上げてやればいいのです」
私「ウィルスの検査を技術的に扱える人は？」
山男「栄養学科の『テニス』教授は、しょっちゅうＰＣＲを使っています。私もやれるし、実験に習熟した大学院生でもかまいません。ウィルスを扱うのであれば、陰圧できるキャビネットは新しく必要になりますが」
テニスは理系か医学系のＴＶドラマで教授として通用しそうなハンサムガイである。医師ではないが有能な研究者で医学博士でもある。テニス部の部長で、春に半パン、Tシャツ姿に変わるのが大学でいちばん早い。

私　「分かりました。賛成です。どんな形でやれそうか、検討してみましょう。どんな工事が必要なのか、何を購入すべきか、リストを作ってください。人を雇う必要があるかどうかを含めて、提案をまとめてみてください。私のほうは、法的な問題や組織としての仕組みを考えてみます」

私はスキップしながら学長室へ戻って叫んだ。

「うちでPCR検査ができるのだって！」

部屋の全員がわけ分からずに私を見つめる。

「事務局長に来てもらってちょうだい」

なんだか大事な気配を感じたのか、ホノボノ局長はすぐにシェフ次長とニヒル総務課長を伴って部屋にやって来た。私は、学内でPCR検査ができそうなことを熱く語った。山男と話し合った内容を説明すると、感激してもらえるはずが、局長たちは明らかに困惑している。

ニヒル「なんで、うちでPCR検査ができるのですか？　医学部ありませんけど」

私　　「保健所だって医学部ないわよ」

ニヒル「うちは保健所じゃないです」

私　「だけど、買わなくてもＰＣＲがあって、現に使っているのよ」
ニヒル「ＰＣＲで何をしているのですか？」
私　「研究に決まってるでしょ。ＤＮＡを調べるの」
ニヒル「それが、コロナと何の関係があるのですか？」
シェフ「コロナはＲＮＡウィルスだって学長言ってましたよね。ＤＮＡじゃない」
私　「ＲＮＡをＤＮＡに転写して使うのよ」
一同「？？？？」

うーむ、経営管理のスタッフに自然科学の素養は期待できないことを失念していた。私が山男の提案を理解できたのは、博士課程で高等教育に専門を替える以前は発生生物を専攻していて、遥か彼方の昔のこととはいえ基礎知識は身についていたからだった。しかし、私は世間一般の日本人の科学リテラシーについては、かなり無知であるようだ。こりゃ、学内で検査の意義を理解させるのは簡単じゃないかも……。

私　「あのね、とにかくＰＣＲ検査は自前でできるの。無症状の感染者を見つけることができるの。クラスターを防ぐ手立てになるのよ。陰性どうしならレスリングみたいに組み合う競技も思い切りやれる」
ホノボノ「すごく難しい検査だということですが」
私「キットを買えばそんなに難しくないよ。いくつかキットがあって世界中で使っているのだからそんなに難しいはずないよ」
シェフ「ニュースで検査は熟練者でないとできないと言ってましたが」
私「分子生物の分野ではありふれた機械で、扱える人はいっぱいいるって、安倍総理とTVで対談した京大の山中教授も仰っていたわよ」
ニヒル「費用はどのくらいかかりますかね」
(来た。予想どおりだね。経営スタッフとしては当然だけど。)
私「山男の説明では、べらぼうな額ではないらしい。陰圧の作業をするためのキャビネットは必要だけど」
ホノボノ「それだけ?」
私「キットや防護用品含めてどういう物を買う必要があるか、調べてくれることになってる」
シェフ「では、それを待って検討すればいいのですね」
私「その間に法的な問題やPCR検査をやるためにどこかの許可が必要かどうか調べ

てほしいの」

ホノボノ「分かりました。とりあえず急いで調べます」

局長たちはまだ半信半疑の体であったが、一応は動いてくれることになった。

この時点では、私だってPCR検査を実現できると確信していたわけではないのだから、局長たちが当惑するのは理解できた。

だけど、もしもやれるなら大きな突破口になり得る。

Ｃｏｖｉｄ19によって、私たち人間の活動はあらゆる面で制約を受けたが、スポーツ活動はその最たるもののひとつだろう。また、あらゆる人々が我慢を強いられているが、とりわけ大学生たちは多くを犠牲にしてきたと思う。活動的であることが批判の対象になってしまうために、そもそも生き物として活発な年代は他の年代以上の辛さを強いられてきた。

至学館大学はとりわけ多くのスポーツ好きの若者が集まっているから影響が大きい。少しでも学生が若者らしく毎日を過ごすことができるようにしてあげたい。思う存分汗を流せるようにしてあげたい。ワクチンと違ってPCR検査は予防策としては不十分であるが、使い方によって、また他の予防策と組み合わせることによって一定の効果をあげることができるのではないだろうか。

このウィルスの厄介な点は、無症状者が他者を感染させることにある。これを少しでも減らすためには、検査でウィルスの「見える化」を図ることしかないように思われるのだ。しかし、とこのウィルスに関しては、国は逆の方向に進んでいるように見える。どんな疾病であっても早期発見が大事なはずなのに、なぜかコロナに関しては発熱が続いて症状がかなり進んでからしか検査しようとしない。できるだけ早期に発見して早期に治療するという常識がここでは通用しないのだ。コロナに関しては、「日本の常識は世界の非常識」というフレーズがしっくりくる。発熱して保健所に問い合わせても、様子を見てくれとしか言われないという話はよく聞いた。医者も熱があるなら来ないでくれ、と言う。熱があるから医者が必要なのに、何かおかしい。もっとPCR検査が手軽であれば、辛いのを我慢するのを短縮できるだろう。ひょっとしてコロナかもしれない、放置されているうちに急変するかもしれないという不安は解消できるのではないか。もし大学で自前の検査を行えるようになったら、少なくとも学生や教職員の無意味な不安を軽くすることは可能なのではないか？

簡単にやれるとは思わない。事務局幹部の言うとおり、うちの大学には医学部はない。国内の大学でPCR検査をやっている例は聞いたことがない。フォローできる先例はないから、システムは自分たちで開発するしかない。でも、私はできるはずだと思った。それほど難しい検査ならば、開発途上国でどんどんやれるはずはないのだが、現実にはどこの国でもかなりの数の検査をやっている。これらの国は、きっと大学や研究所にあるPCR機を転用しているに違いない。だったら、至学館でもできるのではないだろうか。

ハードル、ハードル、またハードル

こうして、私たちのPCR検査を追い求める旅が始まった。

まず、学内のコロナ対策チームにエンジンがかかった。チームを構成する三人の医師たちは、いずれも学内検査に積極的だった。言い出しっぺの山男は内科医で、PCR機を管理するテニス教授ともども、研究対象として検査に関心をもっていた。山男は登山が趣味だから、山を見れば登りたくなり、大きなチャレンジがあればやってみたくなるのかもしれない。

(チャレンジを目の前にしてしまうとやりたくなるのは私も同じであるが。)

スポーツ・ドクターのショパンはレスリング部の部長として選手たちには定期的な検査が望ましいと考えていた。ショパンはこれまでレスリング部の予防対策にできる限りのことをやってきたが、川井梨紗子、友香子姉妹をはじめとする強化選手たちが、外部から戻るたびに一週間練習を休まなくてはならないことを辛く感じていた。とくに東京オリンピックに出場が決まっている川井姉妹と土性沙羅はそうだ。梨紗子も沙羅もリオでは金メダルを獲っているので期待が大きい。梨紗子の妹の友香子も姉妹で金を期待されている。この期待に応えようとしてあらゆる試みを行えば外に出かけることも多くなる。外でウィルスを拾ってきて学内に持ち込む危険は冒せないので当然だが、オリンピック選手がしょっちゅう一週間も練習を中断するのは酷である。いまひとりのJ1はJリーグチームのドクターとしてPCR検査に馴染んでいたので、この知見を大学という場でも使おうとしていた。ただし経験が豊富だったからこそ、PCR検査の限界や課題にも精通していて、安易な判断は許さない。その辛口のコメントは至学館の検査の精度を上げるために貴重だった。この三人に、PCR機を研究室に置くテニスも加わって検討が始まった。

どこのメーカーの検査キットが至学館にふさわしいのか。できるだけ費用を下げるための効率的なやり方はあるのか。授業も研究も抱えながらの検査に、どの程度の時間を使うことが可能なのか。ウィルスを拡散させないために、どうやってキットを配り、検体を取り、運ぶのか。検体の保管や廃棄はどうするのか。どのように、データ管理を行っていくのか。各方面からの情報を収集しながら、チームはひとつひとつの課題に対してオプションを作っていった。

それを受けてニヒルを中心とする事務局は、さまざまな観点から実施のための手順を考え、工事や機器、備品を発注するとともに手続き面で必要なことを処理していく。

という予定であったのだが、出発するかしないかという時点で拒絶反応発生。

ニヒル「出費が大きすぎます」

私　「どういうこと？」

ニヒル「法定外で自主的にＰＣＲ検査を受けるための費用を調べたら、三万円とか四万円が相場です。つまり、それなりの原価がかかるということです。ムリです」

これについては、通常販売されているキットは数十人分のロットになっていて、いったん開封すれば、検査を受ける人数に関わりなく一〇万円単位の金額が失われるということが判明した。仮に一ロットの価格が二〇万円だとすると、検査を受ける人が一人なら一人当たりの検査費用は二〇万円、五〇人が受ければ四〇〇〇円になるということだ。クリニックなどが高価格を設定しているのは、キットにロスが出ることを計算に入れているからだろう。

私たちが想定している検査は学内関係者全員を対象として計画的にやっていくわけだから、大きなロスは出ない。一人当たりの費用は最低ラインに収まるはずだ。

しかし、ニヒルは納得しない。

ニヒル「陰圧作業のためのキャビネットは八〇〇万円クラスで備え付けるためにはダクトの工事も必要です。キット以外にもさまざまな備品、防護服や医療用マスクもいります。大半が使い捨てです。検査だけのために、そんなに使えますか？」

私「そもそも陰圧できる作業環境は、相手がウィルスでなくても使えて便利よ。コロナが収束してからもムダにはならないよ」

それでも、ニヒルは納得しない。

私　「分かった。検査のための出費は広告費と考えて。この状況では、スポーツ系の大学は軒並み志願者が減る可能性が大きいでしょ。定員が割れたら財政的な打撃は大きいよ。だからライバル校たちは広告をばんばん打ってくると思う。うちは、広告費の上乗せはいらない。ＰＣＲ検査ができるようになったら私自身が広報を頑張って、費用に見合うだけの宣伝効果を上げてみせるよ」

ニヒル「ほんとうですか？」

私　「ほんとうだよ」

ニヒル「約束しますか？」

私　「約束する」

かくして、ＰＣＲ検査計画はなんとか最初のハードルは越えた。ただし、私自身にとっては、新たなハードルがひとつ増えた。自信もないのに派手な宣伝効果を約束してしまった。さて、どうしよう。まあ、時間があるから、ゆっくり考えよう。早くても、学内でＰＣＲ検査を始めるのは後期の授業に学生たちが戻って来る頃なのだから。

一段落したかと思ったのは大きな間違いで、すぐまた次のハードルが現れた。まるでコンピューター・ゲームのダンジョンにいるみたいだ。

ニヒル「クリニックを開設する必要があるみたいです」

私「クリニックですって？　どういうことなの？」

ニヒル「クリニックでないと調達するのが難しい物が多そうなのです。医療用の防護服やマスク、それに検査キットなども不足すると医療機関が優先されるそうで」

なんと、まさか医療クリニックの経営者になることまでは予想していなかった！

私「クリニックって必要条件なの？」

ニヒル「いや、必ずしもそうでもないということですが、物資の調達に加えて、陽性者が出た場合は、医師が診察してから保健所に報告することになるのです。私もよく分からんのですが、診療所をつくっておかないと、いろいろ面倒かもしれないということだそうです」

私「施設にはどんな条件があるの？」

ニヒル「大げさなものではなさそうです。基本的には診察のための机や椅子とデータ管理の設備に収納スペースと診察のための道具類など。一部屋でいいそうです」

私「人の問題は？」

ニヒル「学内関係者対象の学内クリニックであれば、毎日開ける必要はないのです。うちの先生方の授業の空き時間を診療時間にすればいいそうです。ただし、学内クリニックだと健康保険の対象から外れます」

私「許認可とか手続き的な問題は？」

ニヒル「県への届け出でできます。一、二か月時間がかかりますが」

ふむ、ハードルには違いないが魅力的なハードルである。クリニックがあれば、学生たちがケガをしてもすぐ診て治療してあげられる。スポーツをやらせていると、どんなに気をつけてもケガ人は出る。法律が厳しくなって、今では保健室で痛み止めや胃腸薬も出せないが、クリニックなら処方箋を出せるし、さいわいすぐ近所にドラッグストアがある。三年ほど前にスポーツ系大学の集まりで大阪体大を訪問したとき、学内にクリニックがあって強い印象を受けた覚えがある。うらやましいと思った。それほど大変じゃないのなら、クリニックは欲しい。よし、やろうじゃないの（また、お金が必要になるが）。

ここまで話が進んだ時点で、すでに六月も半ばになっていた。ＰＣＲ検査を実施することは可能だという感触を得て、コロナ対策チーム以外の教員側の管理職とも協議を始めた。教学サイドで検討すべきこともある。ありがたいことに、ベンケイやキャンプをはじめとする幹部たちの反応はポジティブ。対面授業を始めている上、制限付きであっても部活も動き始めているので、一同は毎日ヒヤヒヤしながら過ごしていたのだろう。ＰＣＲ検査の限界を知りつつも、少しでもクラスターを防ぐ手立てになることへの期待感が膨らんだ。

キャンプ「まずは検査の対象と目的ですよね」

ベンケイ「うん、目的が最初だろう」

キャンプ「キャンパスの安全かな？」

私　「賛成。個々人の安全を守るということより、キャンパス・コミュニティ関係者がお互いを守り合うための検査だという考えでいきたい」

ネット「ということは、全員が対象で、強制ということかな？」

（ネットは短大の学部長で専門はスポーツ心理だがバレー部の監督でもある。バレーのネットのように柔軟かつシブトイ人だ。）

マザー「強制はしないほうがいい。人権問題だよ」

ネット「でも、それじゃ穴の開いたバケツですよ。遊び廻っているような学生は受けない。いちばん、検査しなきゃいけない学生たちだよ」

マザー「強制する根拠はないよ」

キャンプ「学生の反応は、有料か無料かによっても変わってくると思いますよ。無料なら強制でなくても受けてくれそうだ」

この瞬間、参加している事務局の面々が顔をこわばらせて座り直した（他の教員たちは夢中で気づかなかったけど、私は見ていた）。

私　「そこへ行く前に、もう少し検査の意味や意義について検討しない？　どうやって意味のある検査にできるかってことも考えたい。検査のための検査になったら意味ないし」

ネット　「希望者ってことより、必要性に基づく検査でないと意味ないですよね。たとえば県境を越える試合に参加する場合は、持ち出さないためには出発前に必要だ。それから、持ち込ませないためには、帰ってきて、直後も」

ベンケイ「教育実習や管理栄養士課程の臨地実習の前後も必要じゃないか？」

キャンプ「あっ、確かに。すでに教育実習に関わる先生たちからは、これから先、陰性証明が必要になりそうだという話が出てる」

ベンケイ「そうすると、スケジュールをタイミングよく調整しないといけない。希望に任せていると、集中して溢れることもあるだろうし、反対に少なくて単価が上がることも出てくる。効率よくやるためには大学がスケジュールを作って、対象者を指定する形ですすめるしかないよ」

ネット　「私もそう思います。大学が指示してやる検査、ということになると有料では難しいですよ」
キャンプ「確かに。それは、強制ということになるのかな？」
マザー　「強制はしない。でも意義を教育して、必要な者には説得するということではどうでしょうか？」
私　　　「それ、いいね。採用しようよ」
キャンプ「陽性者が出た場合には、周囲の人間に追加検査が必要になりますよね。これは、最優先しなくてはいけないのではないですか？」
私　　　「たしかに。濃厚接触者の判断は基本的にはコロナ・チームの専門家にしてもらうとして、彼らが判断するための情報収集は別に必要だよね」
ネット　「保健所が調べている行動履歴ですよね。関係教員や職員が手分けして、迅速に行動履歴を調べる必要があるな」
マザー　「でも、その一方で噂が広がったりしないように、個人情報を守るガイドラインも必要ですよ」
私　　　「いくつか、ルールとガイドラインが必要になるってことね」
ベンケイ「さっきから考えていたのだけど、皆に接触確認アプリを入れてもらってはどうだろう。行動履歴と併用すれば濃厚接触者の判断に使えるかもしれない」

ネット　「それ、私も入れてます。簡単ですよ。でも、まだあまり機能していないという話も聞くなあ」

キャンプ「とりあえず、啓蒙の意味を考えても、やってみればいいです。手洗いやマスク、『密』の問題だけじゃなくて、ＰＣＲの予行演習としても役に立つかもしれない。大学がコロナ対策を攻めの姿勢で考えていて、学内ではこれを受け入れるのが当然という空気を作りたい」

私　「アプリについては、タイミングを見て、私がＨＰで要請するよ。ほかに何かある？」

マザー　「この検査によって陽性者が批判される、あるいは肩身の狭い思いをすることは避けなくてはなりません。その方針を確認してください」

私　「もちろん。私たちは、蔓延することを防ぐために、検査でウィルスの『見える化』を図るのであって、陽性者を犯罪者のように炙り出すのではない。不運にも陽性になった人を守り、支えることができるようにしましょう。私は、今私たちがコロナ対策としてやっていることは、キャンパスをコミュニティと見立てて行う一つの社会実験だと思っているの。ウィルスによって分断され、人間どうしが不信感を持ち合っている現実に対して、違う方向に向かうコミュニティを示したい。賛成してくれるよね」

真剣な表情で、全員がうなずいてくれた。

私「さて、今日はいくつか検討しなければならない課題が出たから、それぞれ該当の部署でルールやガイドラインの骨子をつくり始めてちょうだい。検査のキャパに対する優先順位を決めて検査スケジュールをつくる仕事がいちばん難しそうね。これについては、他の問題がもう少し見えてきてから対応を考えることとして、今はペンディングにしておきます。検査を有料にするか無料にするかは、今日の意見を参考にして、法人サイドで決めます。それじゃ、今日はこの辺にしておきましょう」

夏を通じて、私たちはこのような会議を何度か行った。立ち止まっては考え、ある問題をクリアーしたと思ったらそこから次の問題が出現するということを繰り返しながら、至学館大学のＰＣＲ検査の形は徐々に明らかになっていった。それは、私たちも予想しなかった独自のスタイルのものだった。無症状者のみを対象にするという点で保健所の法定検査と一線を画していた。希望者のみを対象にした民間の検査センターとも違っていた。私たちが目指したＰＣＲ検査は、被験者本人以上に周囲の安全を守るためのものであり、憎むべきウィルスと守るべき人間をはっきり区別するものであった。

最初は乗り気ではなかったニヒルをはじめとする事務局は、日が経つにつれて積極的に動くようになっていった。ひとつには、京都産業大学がＰＣＲ検査センターの設立を発表したのが、事務局のやる気に火をつけた。自分たちは正しい方向に向かっている確信がもてたのであろう。京産大は島津製作所の応援があってやるけど、うちは支援なしの自力だぞ、おまけに無料だ！という自負もあったかもしれない。そう、事務局も無料案に賛成してくれたのだ！無症状者へのランダムな検査には研究としての意義や、学生たちが安心して臨地実習や県外遠征に出かけられる効果を認め、陽性者が出た場合にクラス全部や部全体の活動を止めなくてすむ可能性に賭けてくれた。一方、七月には一時収まっていた感染者数が再び増加に転じ、至学館の学生にも感染者が出た。学内に濃厚接触者はいない、というのが保健所の判断であったが、大学で調べた行動履歴では心配な点が皆無ではなかった。もし、検査が自力でできたら対象にしたいと思った学生もいた。学内から感染者が出た事実は、私たちのすぐ近くにウィルスがあることを実感させた。

そして、

「おい、ちっこいの、隠れていようとオマエを見つけてやる」

という私たちの決意を強めていった。

最初は懐疑的だったニヒルにもエンジンがかかり、毎日大車輪の仕事が続く。報告がてら、学長室に来る回数も増えている。

ニヒル「やっと医療用のマスク購入にも目途がたちそうです」

私　「それは、よかったね」

ニヒル「キットは、プライマーが二種類のものになりそうです」

私　「そうなんだ。でも、ニヒル、プライマーについて知ってるなんてすごい」

ニヒル「それが、実は全然分からんのです。とりあえず、そういう物らしい」

私　「なんと！　大丈夫？」

ニヒル「専門家を信頼するしかないです。私も分かりたいから訊いてます。それで、山男も真剣に説明してくれます。ところが私はこの辺（と言って膝のあたりに手をもってくる）から説明してほしいけど、山男の説明はこの辺（今度は手の高さが胸の辺り）から始まるのです」

私　「それは、それは。頑張ってね」

八月半ばには、クリニック開設の許可が県から下りた。検査キットをはじめ、必要な物資の購入にも目途がついた。遠隔教育のための光ファイバー基幹工事も無事終了した。教職員と学生たちの携帯には接触アプリが入っている。体調に変化をきたしたり、バイト先や家族に感染者が出た場合に速やかに大学に相談するという習慣も根付いてきた。不運にも感染してしまった場合には、別途授業の補習体制を組むことや試験、課題の期日を動かして不利にならない旨の方針が学生に浸透した結果である。相談し、報告するほうが優遇される環境をつくることによって、私たちの手元には多くの情報が集まった。保健所からの問い合わせが入る以前に大学としての調査を終えていたケースもあった。感染の場所や活動、それまでの行動履歴、危険を冒したときの心理状態、陽性が判明したときの心情や症状の有無と程度など、陽性者たちは詳しく語ってくれた。そして、これらの情報は、個人情報を厳重に保護した後にファイルされ、学内の関係部署で共有された。感染者をいかにケアすべきか、その答えを知るのは感染者自身だ。だから私たちは感染者との良好な関係のために腐心する。

おそらく、秋に後期の授業が始まって、寒くなる頃にはきっと次の大きな波がやってくる。でも私たちは、二度と立ちすくむことのないように必要なことを学び、準備してきた。

至学館の反転の秋だ。

第三章　反転の秋

七、八月における感染の波が収まってきて九月に入ると、日々、空が高さと青みを増してきた。月末に後期授業が開始されるまでにはまだ少し時間が残されていたが、私たちは準備のために忙しい毎日を過ごしていた。

学内の授業用パソコン一五〇台には、Ｗｅｂカメラの取り付けが完了して学生たちを待っている。体操のお兄さんたちの遠隔チームは、九月二三日に行われるＦＤ・ＳＤ合同研修会の準備に大わらわ。「効果的遠隔授業の方法」と題された勉強会で、前期の遠隔授業に対する学生アンケートの結果と評判の良かった授業のやり方が紹介されることになっている。

その直後には、ＧｏｏｇｌｅクラスルームとＺｏｏｍの使い方教室が不慣れな教員向けに実施される。その一方で、遠隔チームは至学館の恒久的な遠隔教育システムを構築するためにさまざまなシステムについて調べ、わが大学に最適なシステムを探しだすための努力も続けている。この時点では、候補は三つにまで絞られてきていた。

コロナ対策チームは八月末からＰＣＲ検査のための予備実験を始めていた。検査数を増やし効率を上げるために、いわゆるプール方式が使えないかと、コントロールＲＮＡを使った実験の結果は失敗だった。複数の検体をまとめて一度に処理しようとすると、個人当たりの量が少なくなる。そして、標的のＲＮＡ分子数が減ると、急激にＲＮＡ検出ができなくなるのである。

一人に一検体のオーソドックスな方法に戻るしかない。

翌日には、山男が自身の唾液を使ってＰＣＲ検査を行った。山男いわく、

「やや白濁して試験管の外から見ても何だか汚い感じ」だったそうだが、結果は、

「予想に反して私の唾液は蒸留水とまったく同じく、まったく特異的反応が出ない美しい結果で、一人で感動しました。（中略）同時に、『自分は陰性だったのだ』ということを確信できて、精神的に安堵しました。感染しているかどうか分からない不安は無視できない大きな問題になっています。ＰＣＲ検査は、この『不安感』を取り除く強い味方になることを実感しました」

そうなのだ！「見えないウィルス」による感染しているかどうか分からない不安が人々にストレスとしてのしかかり、ここから生まれるイライラが人々のお互いに対する寛容さを失わせて、荒んだ社会を出現させている。ＰＣＲ検査は、ウィルスが体内にいるかどうかを見えるようにしてくれるのだ。いないことを確かめられれば安心できる。山男の報告メールは陰性を確かめた素直な喜びと開放感に溢れていた。分野に精通していて、科学の目でウィルスを見ているはずの研究者でさえそうなのだ、という事実は私を驚かせた。学内の検査でたくさんの安心と開放感を作り出せるなんてステキ！

ウィルスの「見える化」で陽性が出たとしても、無症状の早い時期であれば他への感染は食い止めることができる。できなくても、見えているウィルスならどの範囲で周囲を検査すべき

か、また経過観察すべきかが明らかになる。それなら、戦いようがある。

PCR広報作戦

山男の報告を受けて、私も私の仕事を開始した。

学内のPCR検査については、どのような形で社会に告知すべきなのか、大いに迷った。文書によるリリース？　記者会見？　それともどこか特定のメディアのインタビュー？

何週間も迷って、それぞれのやり方について頭の中で何度もシミュレーションを繰り返した。そしてモリオと一緒にあらゆる可能性を検討した。その結果、一社とのインタビューを選んだ。

総花的な質問に終始しがちな記者会見では、真意が完全に伝わらないこともあり得る。日本においては、Covid 19のPCR検査に関して不可解なことが多い。どんな疾病でも早期発見早期治療が原則のはずなのに、なぜ症状が進んでからしか検査をしないのか。検査を貶めるようなコメントが専門家と称する人々から次々とでてくるのも不思議だ。

PCR検査を大学で行おうとすることすら、バッシングの対象に絶対ならないという保証はない。真意が伝わったうえでの批判ならば耳を傾けるのもやぶさかではないが、理解が不十分な言説が独り歩きするのは困る。だから、一社のインタビューでじっくり時間をかけて説明し、疑問が残らないようにていねいな質疑応答をしたいと考えた。それで、中日新聞の社会部に電話をかけてみた。担当から連絡があると言われて電話を受けたら、S記者という面識のない人だった。

数日後、学長室で山男とともにインタビューを受けた。S記者は若手か中堅かを迷うような年ごろの記者で、理解が早く、質問も的確だった。山男が専門的な問題について説明し、私は至学館がPCR検査を導入するに至った背景と目的について語った。S記者は、質問でポイントを整理しながら、熱心にメモを取ってくれた。

それから何日か経った夜、S記者から電話があって、「明日の朝刊です」と知らせてくれた。

九月九日の朝、私はいつもより早く目が覚めて、六時ジャストに新聞受けを見た。県内版より、社会面がいいなと念じながら、おそるおそる中日新聞を開いた。と、一面トップに「至学館大全学生にPCR検査」という見出し！ テニスがマスク姿でPCRの傍にいる写真もある！

この瞬間、私はうれしさより安堵で満たされた。

「ニヒル、やったよ！ 約束守ったよ」

よく理解できない検査のために、頭をかきむしるような思いをしながら、困難を乗り越えて頑張ってくれている元銀行マン。学園の台所事情を知るだけに、業者との折衝でもずいぶん苦労したことだろう。それが分かっていたから、ニヒルとの約束は絶対に破ってはいけないと思っていた。

でも、メディアがどのような形で取り扱ってくれるかなんて、事前に読めない。私がどれほど学内検査の意義について確信をもっていようと、社会的な評価がついてくるとは限らない。だから、インタビューの内容については数週間考え抜いたけど、自信はなかった。

記事を読みながら、心からホッとしていた。これからも、いっぱい同僚たちに苦労させて、心配させて、忙しい思いをさせるにちがいない。だから、私も、私にしかできない役割はきっちり果たさなくてはならない。今回の広報作戦はひとつの賭けであったが、なんとかなったようだ。幸運が続きますように。

中日新聞の扱いのおかげで、他の新聞社やTV局からも取材の申し込みがあり、こちらは記者会見で済ませた。TVが「学生たちに学生らしいキャンパス・ライフを返してあげたい」という私のコメントを流してくれたと聞いてうれしかった（私はもう数年前から地震と台風のとき以外にはTVは見ていないので）。

案の定、大学には、変な電話が何本か掛かってきた。キットはどこのメーカーのものを使っているのか、検査は精度が低いことを分かっているのか、そんな検査は無意味なので反対だ、などというような内容で例外なく学生の保護者だと主張するのだが、学生の氏名や学年、学科について聞くと答えられず、やがて電話は切れる。自粛警察ほど目立ってはいないけど、やはりどこかに抑制警察も存在しているらしい。

ただ、このようなネガティブな反応はそれだけで、圧倒的に好意的な反応を得ることができた。他大学からの問い合わせが「検査はどうやってやるのか？」とか「検査体制の作り方を知りたい」ではなく、「どうやって新聞の一面に載せたのか？」ばかりだったのは少しがっかりだったが。

報道に勢いを得て、ＰＣＲ検査の準備は順調に進んでいた。意外に大変だったのが検査のスケジュールづくりだった。学生、教職員、ガードマンやバスの運転手さん、食堂のスタッフ等学内にいる人々を順次検査するのだが、優先しなければならないケースがいろいろある。

ベンケイ「最優先は、保健所が濃厚接触者と指定しないけど、ある程度の危険性や不安をもつ者だよな」

私　「賛成。検査の範囲とタイミング、隔離や経過観察に関しては、コロナ・チームの判断に任せるべきだよね」

シェフ「陽性っぽく見えるけど、実は陰性かもしれないと疑われる人たちも、ですね」

ネット「異議なし」

キャンプ「学外に出る期日が決まっている者。たとえば教育実習なんかの実習に出る者、入試の試験会場で働く者、部活で対外試合に行く場合。出張の教職員。行く前後に必要」

私　「これは、数がたくさんありそう。リストにしてスケジュールが分かるように整理しなくては……。教務とスポマネに手分けしてやってもらいましょう」
私　「ところで、競技危険度のランクによる検査頻度についてはどうなったの？　両副学長の宿題だったよね」
キャンプ「できています。柔道、レスリングとダンスは最低でも三週間に一回、できたら二週間に一回やりたい。陸上や外での接触のないボール競技については帰宅部と同等でいいという結論です。その他の部活はこの中間になるので、検査キャパの余裕の部分に順次入れていこう、とくに試合前後のタイミングでやろうという判断です」
私　「了解。その管理はスポマネでいい？」
ホノボノ「大丈夫です」
スポマネとはスポーツ・マネジメントの略であるが、ここでは、これを取り仕切る個人を指している。陽気で面倒見がいいが、繊細な面もあって考え込むタイプのキャラである。
マザー「今、自分が陽性でないかと不安でしょうがない人も優先してください」
私　「当然ね。了解です。なんらかの理由で心配な人は学生相談室を相談窓口とすることでいいかしら？　もし、他の教職員が相談を受けても、この件に関しては学生相談室が集約するということで」

マザー　「それでけっこうです」

私　「さて、それぞれの部署で扱う該当者を集約して具体的な検査スケジュールの進行計画をつくるのは大仕事になりそうだから、コロナ対策チーム以外のところでやる必要があるよね。学内全体を見渡して、一定期間の計画を立てると同時に飛び入りに対して柔軟に判断する必要ありだから、副学長のどちらかがヘッドをやってもらいたいわ」

ベンケイ「私のスケジュールは一杯です」

キャンプ「じゃ、私やります。教務委員長と学生相談室長に協力してもらおうかな？」

私　「うん、それでいいと思う」

ずいぶん複雑な作業になると予想はしていたが、実際は想像以上に大変だった。教務、スポマネ、学生相談室から集まる検査候補者の人数を集計し、飛び入りを想定して余裕をもたせながらも、できるたけ多くが一回一回の検査を受けられるように調整する。まるで三次元のパズルをやっているみたい。一応の計画ができると、次はどこで、どうやって被験者たちに無理のない形で、かつ安全に検体採取を行い、これを運搬するのかを決めなくてはならない。

前例のないことをやるわけだからすべて手探りで、毎回細かな打ち合わせが必要になる。

やってみて問題のあるところは次に修正するというトライアル・アンド・エラーで、少しずつ必要なルールや流れができあがっていった。

個人情報を流出させないために、被験者情報は一元化し、検査チームさえ割り振られた番号しか知り得ないようにした。名簿のコピーは作らず、事務局でひとりだけが管理する等のルールも必要になった。ホノボノを中心とする事務局は、用意周到に人やモノの流れをシミュレーションし、問題はどこで発生し得るかを徹底的に検討してくれた。感動するくらい、鮮やかなリスク・マネジメント！

フォーマットができあがると、リストの作成と保管、運用という重責を任されたのは教学課長の「甲子エン」。野球部のコーチも兼ねるタフガイ（ただし、高校野球では甲子園には出場できなかった）で体力、判断力がしっかりしている上に肝が据わっている。情報をしっかりガードしつつも、的確な判断で知るべき人には情報を出す。

おかげで、私はいつも判断に必要な情報を迅速に得ることができている。

一方、コロナ対策チームも活発に仕事をしていた。教職員や学生たちが安全で正確な検査を受けるために必要なことを整理し、その説明のための資料や動画をつくっていたのはショパン。ショパンが持ち前の穏やかで温かい口調で調査について説明する動画は、簡潔かつ明解。毎回の検査前に被験者に観てもらえばほとんど説明は必要なくて重宝している。山男を中心とする検査実施班は仕事の流れについて、段階的に予備実験の規模を拡大しながら点検していた。ヒトを対象とした研究のための許可申請も倫理委員会に提出され、許可が下りた。このＰＣＲ検査から得られる知見を研究成果として扱うためには、学内の倫理委員会に説明のための書類で申請し、委員会の了承を得なければならないのだ。大学には「研究の自治」があるが、これを守るためには自らが厳しい自己点検・評価を続ける必要がある。Ｊ１は、Ｊリーグのこれまでのアイシーアール検査を再点検して、至学館の検査のありかたに応用可能なポイントを抽出して提案し、より安全で確実な検査体制の構築に努力していた。

予備検査の豪華な飛び入り

一〇月一日を目途として、学生を対象とした本格的な検査を始めることになった。そのための予備検査を順次レベルアップしていく段階になった。最初は、教職員からボランティアに参加してもらった。山男をはじめ、ＰＣＲ検査に関わる一〇人程度の検査である。まずは、内輪から。と思っていたら、当日スポマネから電話があった。

スポマネ「レスリングの川井姉妹が東京の出稽古から帰ってきて、ＰＣＲ検査を受けてみたいそうです。今日の予備検査に加えて、やってあげていいでしょうか？」

川井梨紗子、友香子である。姉妹でオリンピック金メダルを目指している。すでに卒業して民間会社の所属だが、練習拠点は土性沙羅とともに我が大学である。体力と技術を鍛え新たな練習方法を学ぶために、強化合宿や男子チームへの出稽古をたびたび行っているが、至学館のコロナ対策ルールでは帰宅して一週間の自宅待機。そこで発熱がなかったことを確かめてから道場での練習に復帰できる。ＰＣＲの予備検査を聞きつけて、それなら受けてみたい、陰性だったらただちに練習を再開させてほしいと言っている。

私　「本人たちの希望ならオーケイだと思うけど、検査チームに決めてもらって。陰性でショパン部長が許可するなら、即練習復帰もありだと思う」

慌ただしい協議の結果、川井姉妹は第一陣の予備検査を受けた。ちょうど別件で私がテニスの研究室を訪問したら、

山男「数分前に結果がでたところです。全員陰性」

私　「よかった。二人に知らせてやっていいかしら？」

山男「どうぞ、どうぞ」

私は携帯を取り出して、梨紗子に電話してみた。すぐ応答があった。

梨紗子「はい、もしもし」

私　「インセイだよ？」

梨紗子「えっ、えっ？　なんのことですか？」

私「ごめん、説明不足だね。今、ＰＣＲ検査の部屋にいて、結果でたところ。それでね。
君も友香子も陰性だったから知らせたの」
梨紗子「はい、ありがとうございます」
私「友香子に伝えてね。練習、がんばって」
梨紗子「はい、ありがとうございます！」

至学館全体にとっての大きな挑戦において、こういうかたちで二人が加わってくれたのはうれしかった。もとを辿れば、オリンピック選手を抱えながら十分な練習をさせてやれないことをショパンが悩んでいるのを、仲間の山男が方策はないかと探していたのが、この検査の発端だったのだ。その意味で二人の予備検査への参加はうちのＰＣＲ検査の門出を祝うのにふさわしい出来事だったと思う。

シロとクロのはざまで

九月の半ばには、小規模の検査が始まった。
まずは、手始めに職員たちに実験台になってもらうことになった。検体採取の日、私は出張だったのでパスしたが、それ以外の学長室職員たちと一階のサポセンの職員の多くが検査を受けた。翌日のお昼ごろに結果が出た。

山男から電話が入る。

山男「二人、陽性の疑いがあります」

私「疑いって？」

山男「グラフのカーブが微妙なのです。いくつかの可能性があって確実な判断ができない」

私「どうすべきですか？」

山男「とりあえず自宅待機してもらって経過を見たい。保健所に連絡する段階ではないと判断します」

私「分かりました」

誰なのだろう。検査のチームへは番号しか渡していないから、彼らには分からない。番号が甲子エンのところに報告されたら、彼が保管する名簿で照合してホノボノ局長に報告され、本人に対してはホノボノが連絡することにすることになっている（学生の場合は、甲子エンが学科長ないしは部活の部長のどちらかに連絡）。ホノボノからの報告を待つしかない。

数分待っていると、ホノボノが学長室に入って来た。

ホノボノ「AとBです。今から本人たちに結果を伝えて家に帰します。Aは自分の車ですが、Bが電車通勤なので、大学の車で送って行きます」
私「まだ、確実に陽性だと決められないという話だけど」
ホノボノ「私もそう聞いていますが、危険は冒せないので自宅待機にします」
私「消毒は、同室のメンバーがいなくなってからにしてちょうだい。もう三時を過ぎているからいいでしょ。噂が先行するのは避けたい」
ホノボノ「了解しました」
私「もっと詳しく結果について知りたいのだけど」
ホノボノ「もうすぐ片付けが終わったら、山男教授が説明したい、とのことです。今大学に残っている幹部を集めます」

約半時間後、関係者が会議室に集合した。

キャンプが手短に状況を説明し、山男の説明が始まった。PCR検査の原理と、CTと呼ばれるDNAの増殖機能について説明した後、背後のホワイトボードにグラフを描いていく。縦軸にDNAに対応するタンパク質によって出た光の強さ、つまりウィルスの量に比例する反応の強さが高さで現れ、横軸はCTの回数。検体と一緒にウィルスから採取したコントロールが何本か入れてあるので、それによって陽性の場合のウィルスの概数を出せる。

山男「これが、陽性の場合のカーブです。CT35ないし40ぐらいでラインがぐっと持ち上がってきます」

次のグラフは線が完全にフラット。

山男「陰性です。今日の場合、二つの検体以外はこれと同じでした」

三つめのグラフでは、CT40ぐらいで少し持ち上がっているが、そこから増えていかない。

山男「これが、問題の二つのケースです。ところが、私たちはウィルスの遺伝子の二つのフラグメントに対応するプライマーを使っていますが、一つのプライマーではこのような反応があったのに、もう一つのプライマーではフラットでした」

ここまで説明が進むと、事務局のみならず、教員たちも？？？な表情。大学の教員たちもそれぞれの分野以外では、一般人とたいして変わらない知識しかないのだから仕方ない。一方、山男の世界ではありきたりのことを説明しているのだから、通じない話をどうやって理解させたらいいのか、と戸惑っている。

私「あのね。ウィルスの遺伝子は延ばすと一本のヒモみたいな物なの。ただし、そのヒモの各部分は少しずつ違っている。先っぽから根っこまで少しずつ色や太さが違う大根を思い浮かべてみて。それでね、この大根を二〇個とかに輪切りにすると＃１から＃20までの断片になる。こういう断片のひとつひとつがフラグメントなの。英語の直訳が断片。プライマーというのは、この断片のひとつに結合するように作られたＤＮＡの断片で、ウィルスが存在したら、ウィルスの当該断片に引っ付くわけ。たとえば＃３の断片にひっつくように作られたものなの。そして、引っ付くとＰＣＲの機械が拾える信号を発するわけなの。ウィルスがたくさんあると引っ付く量も増えるから、信号量が増えてグラフは高くなっていく。今回の場合は＃３ではウィルスの断片じゃないかと思われるものが存在していて、だからグラフが持ち上がった。でも、＃７に当たるほうの断片はなかったからグラフはフラットというか水平のまま。両方のプライマーで反応すればウィルスの存在は確実だけど、ひとつだけが少しだけ反応しているから、どう判断すべきか迷うわけ。山男先生、今の説明でいいですか？」

山男「そういうことです」

我ながら、かなり雑駁なたとえ方だとは思うが、読者の皆さんもなんとなく、理解していただけただろうか？　私がこういう大胆な（？）例を使って、抽象的な理論や専門用語だらけの話を一般ピープルに伝えることができるように訓練してくれたのは、代々の我が学生たちである。素直で率直な学生たちは、分からないことは分からないと言ってくれる。もしくは態度で示す。そこで私は、重要なコンセプトや理論については、彼らが意味を理解しリアルにイメージできるまで、あらゆるネタを使って根気よく説明するのが好きになってしまった。学生たちが、「なるほど!」と頭の回路がつながって、電球がついたような表情をしてくれるのがうれしかったので。

今回のPCR検査では分子生物学的な話が多かったため、私は以降、いろいろな場面で通訳の役割を果たすことになった。そんな難しいことを専門ではない教職員や学生に理解させる必要性があるのか、と思われるかもしれないが、構造やメカニズムが理解できていないと必要なときに応用がきかない。少なくとも教職員たちには、基礎的なことは知っておいてもらいたかった。なんと言っても、ここは大学なのだから。

キャンプ「一体、何が起きているのだろう?」

山男　「大きくはふたつの可能性が考えられます。第一は、実際にウィルスがある場合。コロナのようなRNAは変異しやすいので、プライマーの部分で変異が起きていたら、反応しません。ひょっとすると、感染していなくとも空気中のウィルスを何個か拾っているのかもしれません。ウィルスを一千個単位、あるいは一万個単位で体内に取り込まないと感染しないと言われていますが、PCRは敏感に反応しますから、感染していない可能性もあるのです。しかし、すでに無症状のまま感染していて治りかけている場合やこれからウィルスが体内で増殖していく可能性も考えられます。第二の可能性は、口の中に存在するさまざまな酵素をはじめとする物質の一種が誤認されてプライマーが反応したケースです。この場合は陰性です」

ベンケイ「確かめる方法はあるのですか？」

山男「今、検討中です。検体の中にあるのがウィルスかどうか、確認する方法を考えているところです。ひとつの方法としては、これらの二つに関して今後も検査を繰り返してみたい。何度か日をおいて検査をして状況が変わらなければ、確実に陰性です。陽性なら、治りかけでないならカーブが高くなっていくでしょう」

マザー「本人の了解を取る必要がありますね。気の毒に、結果が判定できずに宙づりのまま検査を繰り返すのはストレスだろうなあ」

私「確かに。局長、協力の要請はお願い。限られた人数でも結果を知っている人たちは、彼らを孤立させないよう、励ましてください。私も話します。ところで、自宅待機中は、有休とか病休は使わせないよね」

ホノボノ「こちらが自宅待機を要請して協力してもらうのですから使わせません。テレワークということにします」

今回の検査で、結果が明快にシロかクロかということにはならない、ということがよく分かった。よくPCR検査は正確ではないと言われているが、不正確なのはPCRではなく、結果を読み取って判定する人間の側なのだ。PCRはDNA（に転写されたRNA）の存在に正確に反応するが、カプセル付きの活性ウィルスなのか、不活性になった裸の遺伝子なのかは判別しない。感染のどの時点で検査するかによって、結果も変わる。だから、国の検査は症状がはっきりしてからしかやらないのかしら？

その夜、AとBに電話をしてみた。やはり、ショックだったようだ。擬陽性の可能性が高いことを伝えても、誰かに感染させてしまったのではないかと不安なのだ。シロかクロしかない、と思っているのに「あなたは灰色です」と言われたのだから無理もない。どういうことが起こっている可能性があるかを説明し、グラフからみて、他の人に感染させるような量のウィルスが出ているはずもないことを理解させようとした。

私「とにかく、なんでもいいから明るい気持ちになれることをしてちょうだい。暗くしていると免疫が下がるから」

A「やってみますけど、自信ないです」

私「そうだろうね。でも次の検査ではオッケーな結果が出ると思うよ。それまで特別休暇だと思って楽しんでね。辛くなったら電話してきなさい」

A「すみません。ご心配かけて申し訳ないです」
私「お黙り。ご心配なんかしてないから申し訳なく感じるのはやめて」

その後、教職員も学生も、何人かの陽性者が出たが、その全員が「すみません」と謝り、「ご迷惑かけて……」と恐縮する。そのたびに、私は陽性者が犯罪者であるかのような扱いをし、批判を煽ってきたマスコミに対して新たな怒りを覚えた。

翌朝、寝坊して起きた。スマホを見たら、コロナ・チームを中心とした学者たちの学術的な議論がメール上で展開されていた。メンバーたちは気をきかせて、私が様子を眺められるようにしてくれたらしい。内容は、前日の検査で灰色が出た原因をどう探究するかである。

再検査は当然としても、ほかにやれることはないか、ということで、J1が電気泳動を提案している。電気泳動というのは、DNAやRNA、タンパク質を大きさに応じて分離することができる実験方法である。PCR検査のときに出たウィルスと思われるものが、本当にコロナ・ウィルスであるかどうかを大きさで判断しようということなのである。遺伝子の配列を調べるのに比べれば精度が劣るが、ウィルスの大きさは一定なので、PCR検査で反応があった上に、この電気泳動でもウィルスの大きさに一致すれば、陽性の可能性がかなり高いということになる。検査では栄養学科のPCRを使っているが、いま一台を使っている健康スポーツ学科の「イチ流」教授が慣れていて協力してもらえるらしい。イチ流教授は、至学館でもっとも国際的な研究者として活躍している生理学者である。イチ流の部屋には近いうちに遺伝子の配列を調べることができるシークエンサーという機械も配備されることが去年から決まっているが、文科省の補助金が決定するまでは入れられないので、これを待っている。決定前に購入すると補助金が取り消されるというルールがあるのだ。これが入れば、遺伝子の塩基配列を分析できるから、一〇〇％の確率でＣｏｖｉｄ19かどうかの決定ができる。とにかく今の段階では次善の策である電気泳動を使うことを含め、共同研究の体制にすることに関し、私の許可を求めてきたのだ（今後、研究費が必要になる可能性があるわけね）。

「おもしろそうだから、どんどん必要な研究はやってください」と返事を書いた。

事務局で心配している面々は今回の判断しづらいケースをトラブルと考えたかもしれないが、こういう難しい問題が出てくるのは、研究者としてはとても面白く、興味をかき立てられるものなのだ。私も、大いに興味をかき立てられていた。

次に同じ人たちに繰り返した検査では、ＡもＢもグラフはフラットで、陰性の判定が出た。良かった！　ただし、彼らは山男たちの研究対象になってしまい、経過を見たいということで、その後も数回の検査に付き合うはめになった。

この日の検査は、私も受けた。陰性だろうと予想していたが、その結果を確認したときの開放感はことばにできないものだった。気づかないうちに頭の上を覆っていた黒く暗いものが一挙になくなって、急に呼吸がラクになった。同時に、これまで取って来た予防策が間違っていなかったという自信を得た。そして、これからもしっかり対策をして、愛しい陰性状態を守っていくぞ、という気持ちになった。他の同僚たちも同じ思いだったようだ。

話は前後するが、この少し前、まだコロナ・チームが検査の流れを確立するために予備実験を繰り返していた頃のことである。サポセンの男子職員の「オオガラ」が発熱し、倦怠感を訴えた。オオガラはたくましき体育会系が居並ぶ我が大学でもひと際大柄な三〇代。陽気で豪放磊落である。もちろん、発熱を告げると、医者には「来ないでくれ」と言われた。普段は健康で医者いらずの若者に対し、いざ病気になったら診察を拒否する医者にどんな存在価値があるのか、という疑問はさておき、彼は、

「コロナだ、絶対コロナだ。俺はきっと家族や同僚にもうつした。お終いだ」

と考え、自宅でどんどん倦怠感がひどくなるのをこらえていた。電話着信。やっとの思いで出る。

甲子エン「よおっ、調子どう？」

オオガラ「ひどいです。皆さんに迷惑かけて申し訳ない」

甲子エン「コロナ・チームが明日の予備検査にお前の検査できるって。どうする？」

オオガラ「やってください。どうせ陽性でも早く知りたい」
甲子エン「じゃあ、これから試験管もって行くから何も飲んだり食べたりするな」
オオガラ「分かりました。どうせ、食欲ないですから」

ところが検査の結果は、疑いようのない陰性だった。
オオガラは、後に大学の庭で立ち話をしていたときに、私に教えてくれた。
オオガラ「不思議なんですよねえ。それまで、ほんとにひどい体調だったんです。それが陰性だって知った途端に症状が消えてしまったのです」
私　「まさか、信じられない」
オオガラ「いや、ほんとうです。吐き気も消えて気分爽快。もっと誰でも不安な人たちが検査を受けられるようになってほしいです」

唾液湧出作戦

次は教員の検査を予定していたが、実習に出かける学生たちの実習先が陰性証明を求めているということで、該当する学生たちが検査を受けた。ところが、一人唾液が取れなかったケースが出てきた。それで、再検査になった。

私　「どうしよう。唾液ゼロがたくさん出たらキットがムダになってお金かかるよ」
モリオ「そうですよね。ただでさえ、財務がヒヤヒヤしてますものね」
キナコ「ヨダレ、出せるようにすればいいじゃん」
私　「どうやって？」
キナコ「美味しいものだよね」
私　「そうか、それだよね。モリオ君、調理系の先生方に連絡してみて。おいしそうでヨダレが出るような食べ物の写真か動画を提供してもらえるかも」

フットワークの軽いモリオは調理系の先生たちのところへ出かけて行った。しばらくして、手ぶらで帰ってきた。

私　「いい写真、なかったの？」
モリオ「そういうことじゃないです。先生たちが、出来合いの写真なんかじゃダメだから、自分たちで唾液の出る動画を研究して作るそうです。少し時間をくれ、と言われました」

二日後には、三本の動画が届いた。美味しそうな動画と思いきや、予想は外れた。

「唾液体操」とでもいうべき実演ビデオ一本。これは、高齢者の嚥下問題を研究する教員。あとの二本はレモン・ジュースづくりとグレープフルーツの調理がテーマ。音楽つき。確かに、「唾液体操」は唾液が出る。レモン・ジュースにいたっては、思い出しただけでも口の中に唾が湧いてくる。なるほど、餅は餅屋である。

教授会で会った教員にお礼を言ったら、

「次はもっと時間をかけて研究して、さらに多くの唾液を出させます」だって。

「至学館。ＰＣＲ大作戦」に参戦して少し誇らしげである。

イチ流教授の電気泳動にしても、「唾液ビデオ」にしても、こういう形で援軍が登場するとは、まったく思ってもみなかった。うれしい驚き！

キャンパスの外にある世界では、ウィルスは人々を分断しまくっているけど、うちでは新たなつながりができ始めている。

同じ釜の試験管

九月末の教授会では、集まった教員たちの検査が行われた。会議を終えた教員たちに検体が配られようとしたそのとき、

Ｊ１　「ちょっと待って。全員手を洗ってきてください」

甲子エン「消毒用アルコールがありますが」

Ｊ１　「それではウィルスは不活性化するけど、ＲＮＡが残ってＰＣＲに拾われてしまうじゃないか。皆さん、手を洗ったら何も触らないでください」

またひとつ、勉強の場面である。

教員たちは、同意書の説明を受け、ショパンの検査の心得動画と続く栄養学科提供の唾液ビデオに真剣に見入って唾液を貯めながら検査の準備。

「では、試験管の中の綿を口に含んでください」という掛け声に、検査が始まった。

「二分経ちました。唾液が十分浸み込んだら試験管に戻してください」

教員たちは試験管に封をすると、こぞって試験管を振り始めた。ショパンが説明録画の中でやってみせたことである。底に唾液が溜まるか確かめるのである。

試験管を光にかざして、真剣な面持ちでのぞき込んでいる。

「よく分からんなあ、これ、ちゃんとあるのだろうか」

「私も、よく見えない。どうしよう」

後方からモリオがすました顔でコメント。

「大丈夫ですよ。遠心分離にかけますから」

耳学問の知識で先輩風を吹かせている職員と神妙にうなずく教員たち。

私は、笑いを噛み殺すのに苦労した。大学の世界の通常の関係が入れ替わっている。

会議後のホールでの立ち話。

教員A「大丈夫かなあ。結果は明日の午後だって？」

教員B「五時までにホノボノ局長から電話がなければ陰性だって」

教員C「すごく緊張します。私、ひょっとして陽性だったらどうしよう」

私　「どうぞ、どうぞ、遠慮なく陽性になっていただいて結構です」

教員C「えっ？？？」

私　「どうせ近いうちに学生の陽性者が出ます。そのときに真の共感能力をもってケアできるのは経験者ですから、何人かの教職員が経験者になることが望ましいと思っています。陽性者は大切にしますので、その後の協力をよろしく」

立ち話は、笑顔で散開した。私は、教員を励ますためにこんなコメントをしたのではない。本気も本気だった。学生たちのＰＣＲ検査は、学内の安全のためには役に立つだろうが、陽性者は辛い思いをするに決まっている。守り、慰め、励ます必要がある。「私も経験したから分かるよ」という大人が信頼され、相談しやすい人だろう。

この日の風景を見ていて感じたのは、共に同じ検査を受け、同じように心配しながら「PCR大作戦」に加わった教職員間に、これまでとは一味違う連帯感が芽生えたことだ。たまたま近くに座り合わせていた人たちが学科や専門に関係なく事後、お喋りをしていた。これまでも至学館は比較的一体感の強い大学だと自負してきた。オリンピックでは、大学をあげて皆で応援してきた。しかし、今回は少し違う。対ウィルスの戦いにおいて、キャンパスをひとつのコミュニティに見立ての壮大な社会実験・研究が始まっている。大学教員本来の資質である知的好奇心と探究心が専門を超えて刺激され、一体感が強まってきた。

ところで、この日の検査については後日談があって、用事があってホノボノ局長が電話をかけた教員たちが全員、「えっ、まさか、私、陽性ですか?!」と叫んだそうだ。

ホノボノ「私、最近避けられているかもしれません」

感染者保護クラスター

教員の検査の結果、一人の陽性者が確認された。山男によると「疑いの余地のない陽性」。すでに職員の検査でも一人の陽性者が出ていたが、教員の個人情報を守るのは職員より難しい。仕事上どんなに絞っても一定数の教員に対して事情を説明する必要がある。それ以上に隔離の必要性があるから、授業の問題があって、学生に隠しておけない。とくに学生によっては濃厚接触者として検査対象にもなる。幸い今回のケースは、まだ後期の授業が始まっておらず、接触していたのは、卒論指導中の学生のみであった。換気、マスク着用での指導だったから保健所の判定は濃厚接触者なし。

しかし、教員としては学生に感染させたかもしれないという不安でいっぱいである。教員は、独自に卒論担当の学生たちに陽性確認を伝えていた。話は、どこまで広がっている？　私は、教員とのメールをやり取りしていて、卒論学生を万全にケアできない限り教員のストレスを和らげることはできないと理解した。週末だったのでモリオに頼んで該当する学生たちのメール・アドレスと電話番号を手に入れ、一人一人と電話で話した。

学生Ｋ「はい、もしもし」

私　　「谷岡です。突然ごめんなさい」

学生Ｋ「あっ、学長」

私　　「先生のこと聞いたよね。不安になってる？」

学生Ｋ「はい、少し不安です」

私　　「だったら、週明けにＰＣＲ検査受けてみる」

学生Ｋ「受けられますか？」

私　　「もちろん、あなたさえよければすぐ手配します」

学生K「じゃ、受けたいです。お願いします」

私　「この検査は、あくまでも念のためだよ。保健所は濃厚接触者ではないと判断している。先生もまだ無症状だから、明日まで無症状が続くなら、あなたが感染している可能性はないと考えて大丈夫」

学生K「良かった。少しほっとしました」

私　「それでね。二つ、私からのお願いがあるの」

学生K「なんでしょうか？」

私　「先生、すごく落ち込んでいる。私が励まそうとしてもダメ。あなた方のことが心配なの。たぶん、先生を励ませるのはあなたたちだと思う。だから、メールでも電話でもいいから、先生の気持ちが明るくなるようにしてくれない？　暗い気持ちでいたら免疫が下がってしまうでしょ」

学生K「分かりました。で、もう一つは？」

私　「卒論仲間はすでに皆知っているから、お互いに話し合うのはかまわないけど、それ以外の人に情報が漏れないようにしてほしいの。漏れてバッシング受けるようなことになったら気の毒だよね。だから、あなた方で先生を守ってほしい。やってくれる？」

学生K「分かりました。やります」

私「ありがとう。先生のこと、よろしく頼むね。何か不安や心配なことがあったら、この電話番号で遠慮なく相談してね」

ひとりひとりに同様の会話を行い、マザーに連絡を取って状況を話した。すでに、学生が陽性になったら迅速にカウンセラーをつけることは決めてあったが、周囲にいて感染の危険がある者については考えていなかった。

私「この学生たちにカウンセラーをつけてもらえますか？」

マザー「もちろんです。すぐ手配します」

私「それで、できたらこの学生たちをクラスターにしてもらいたいのです」

マザー「クラスター？」

私「はい。感染者を守るための防護クラスターです。ウィルスが作るクラスターがあるのだから、これに対抗するための人間のクラスターを作って、このクラスターで感染者の個人情報や精神的な健康を守りたいのです。悪いクラスターに対して良いクラスターです。クラスターって英語で単に集合体ってことです」

マザー「なるほど、賛成です。学生たちも、やることができたほうが精神的に安定するでしょう」

マザーの手配で週明けには学生相談室に学生が集められ、カウンセラーを入れて話し合いが持たれた。学生たちは熱心に先生に共謀を気づかれることなく励ます方法について話し合ったそうだ。ハードルが出てくるたびに、これを乗り越える方法を考えていくことによって、私たちは少しずつ陽性者のケアを学びつつあるようだ。

レスリング部待望の検査

同じ頃、学生寮に住む学生、レスリング部とバレーボール部の検査も行われた。ともに学生たちが一緒に寮生活をしていることから、もっとも危険度が高いと判断された結果である。レスリングの場合は、道場で、監督、吉田沙保里を含むコーチたち、寮母さんも総出であった。オリンピックのレスリング競技で金メダル三つと銀メダル一つを獲った吉田沙保里は、現在でも至学館大レスリング部コーチであり、週末に練習をみることが多い。この日は、PCR検査について知らせを受け、道場で待機して検査を受けた。この検査が意外に簡単なものだったことから、彼女は東京でも定期的に業者の簡易検査を受けるようになり、それが感染時の早期発見に繋がったのではないかと思われる。

翌日、電話で監督に全員の陰性を伝えたところ、電話口で監督が、「全員、陰性だ！」と叫ぶのに合わせ歓声と拍手の嵐だったそうだ。

貴重な教師としての感染者

経験しないと分からないことは多いと思う。少なくとも、経験したことのない者が「分かったつもり」で言うことには説得力がない。私は、この現実を学生相手にいやというほど味わってきた。むしろ、

「私には分からない。でも、分かりたいと思う。分からせる努力をしてみてくれない？　そうすれば、あなたのために何ができるか考えられる」

というようなアプローチの方がずっと信用される。

コロナ対策も同じだ。至学館大学では、五月にマザーの発案で全学生にストレス・チェックを行った。それを学生相談室が分析して報告があった。数字以上に、自由記述欄に綴られた学生の声が貴重な資料になった。

「直前に時間割の予定の変更を発表するのは止めてほしい。バイトの予定は変更がムズイ」

「資料や教科書を読ませてレポートを書かせるのは、講義と言えるのか？　自習じゃない？」

「課題が届いた確認ができず不安です」

「教員によって授業の質に差がありすぎる」

「下宿の狭い部屋で息が詰まりそう」

「友だちに会いたい」

等々の声が、私たちに足りない点を自覚させ、教授会をはじめとする会議で共有され、少しずつの改善につながったと思う。

六月から対面授業が始まって学生が大学に来はじめると、身体に異変を感じた学生から、ポツポツと相談が入るようになった。

「熱があって下がりません。コール・センターには様子を見ろとしか言われず不安です」

「バイトの仲間の友人が感染し、バイト仲間が濃厚接触者。私は大丈夫でしょうか？」

「熱があって辛いのですが、クリニックに連絡しても来るなと言われ、どうすればいいのかわかりません。下宿にひとりで心細い」


大学内では相談があるとコロナ・チームに連絡があり、ショパンや山男たちが身体面で相談に乗り、学生相談室のカウンセラーが心理面での対応を行った。自宅で経過観察となった学生に対しては窓口になったサポセンの職員が連絡を入れて状況を確認した。とくに下宿生の場合には、生活面でもサポートの必要があった。

学内でＰＣＲ検査を始める以前の対策は、ここで行き止まり。保健所が検査対象としてくれない限り、先へ進めない。ひょっとするとコロナで、ひょっとすると友人にうつしたかもしれないと不安がる学生に、どうしてやることもできない。ただ、こうやって学生に寄りそう努力による情報は蓄積し、私たちが自前検査で陽性者としての学生と向き合うことになったときの手掛かりを与えてくれた。

学内検査以前の例をひとつ紹介しよう。学生寮の学生が発熱。三日しても下がらない。保健所は相変わらずの対応。部屋を移した。トイレは専用を指定。食事は部屋へ運ぶ。でも学生は不安におののいている。

私「クラスターになったら大変だから、と保健所に頼んでＰＣＲ検査してもらおうよ。それしかないと思う」

山男「医師としての判断があれば検査してもらえるという国会での答弁もあったように思いますので、私が交渉しましょう」

結果は失敗。

この頃には、私の行政への忍耐は限度を超え始めた。頭の中では、ベートーヴェンの行進曲が鳴っている。

私「大学の学長からの正規の要請だと言ってちょうだい。検査しないで、もしクラスターになったら責任とってくれるかどうか聞いて。所長の名前も聞いてね」

山男は、再度交渉の場へ出陣。

今回は、成功！

甲子エンが大学の公用車に学生を乗せて、検査場に連れて行った。結果は陰性で一同、胸を撫で下ろした。脅すようなことまでしてこぎつけた保健所のＰＣＲ検査。決して後味のよいものではなかった。多くの者たちは、仕事量の増大にも拘わらず、熱心に自前ＰＣＲ検査のための仕事をこなしていてくれるが、これは当時の無力感や焦燥感の辛さが身に沁みているからだろう。当時の私は怒りばかり感じていたが、それが局面打開への意欲をかき立ててくれたことも否めない。今なら、

「じゃあ、次の検査受けてもらいましょう」

「そうですね」

で済む。なんて、幸せなことだろう。

陰性、陽性にかかわらずこれまで大学に相談した学生や、外で陽性になった学生（夏休みまでに二人）については、全員のヒアリングの記録が学生相談室にある。これをもとにして、学生相談室は教職員向けのマニュアルをつくった。学生が陽性になった場合、どういうことをしてあげるべきか、また何を避け、どんなことに気をつけるべきかが書き込まれている。身体の健康管理は、コロナ・チームの仕事なので、こちらは精神面に関するガイドラインである。いよ

いよ学生たちの大規模の検査が始まるというときに、全教職員に配布された。

マザー「これは、暫定ヴァージョンです。さらに陽性者の増加によってデータが増え、研究が進んだら、次のヴァージョンをつくります」

との教授会での報告。

蛇足だが、私たちは愛知県と名古屋市の感染者隔離センターの施設、設備、備品や弁当の内容、サーヴィスや監視の体制についても詳細に知っている。実際に入所した関係者が詳しく語ってくれたからである。報告によると、名古屋市の弁当は高級だが冷たいので、カップ麺やインスタントの汁ものは重宝するらしい。ティッシュ・ペーパーやシャンプーはあるが質的にはすばらしいとは言えず、自前で用意したほうがいいらしい。こういう情報は、我が関係者に陽性者が出た場合に渡すべく作成したガイドブックに載せてある。つまり、感染者たちや感染の疑いのあった者たちが積極的に協力して私たちの教師になってくれたから、私たちは感染者のケアについて一定のことが学べた。

持続化給付金詐欺問題

県内の別の大学で逮捕者が出た。容疑は、持続化給付金を利用した詐欺行為教唆とピンハネである。連日の報道を追っていると、運動系部活つながりの人間関係によって問題が拡大していった経緯が想像できる。詐欺行為が明らかになっている者たちのなかには、付属高校の卒業生が含まれることも分かってきた。

私　「うちにもいるのではないかしら？」

ベンケイ「可能性は高いと思うなあ」

キャンプ「部活の部長や監督を通じて調べましょう。自ら申し出るほうがいいと理解させて必要なら警察に行かせましょう」

一人、出てきた。

ある部活で、身に覚えがある者は申し出るようコーチが通告したら、手が挙がった。この男子学生は保護者とともに警察に行き、給付金を返すことを申し出た。

本人は反省していたが、犯罪にはちがいないのでなんらかの処分が必要。授業日数的に今後休まず出席すれば留年せずに済む期間を設定して停学処分とした。処分が決まってから、私は彼と二人きりで話をした。かしこまって、背広にネクタイまで締めてやってきた。

学生R「すみません。ご心配かけました」

私　「もう、さんざん叱られたでしょう。だから、私が聞きたいのは別のこと。後輩たちの参考になることを教えてほしいの。なぜ、コーチから聞かれたとき、すぐに手を挙げたの？」

学生R「なんか、すごくまずいことしたと、ずっと思っていました。でも、自分からは言い出せなかった。コーチに言われたとき、ホッとしました」

私「最初から疑問を感じていた、ということ？」

学生R「そうです」

私「なのに、断れなかった？」

学生R「高校時代に同じ部にいて、他大学に行った友だちに頼まれて、なんか怪しいと思ったけど、断るのが難しくて……。とにかく、説明を聞きに行くだけでいいからと言われて、そのくらい付き合わないと仲間はずれになるかと……」

私「ハバされるのが怖かった」

学生R「まあ、そうです。もう一人と一緒に行くはずが、そいつは直前にバイトが入って止めました」

私「なら、君もやめてしまえばよかったんじゃない？」

学生R「説明会を開いた人が、準備のために時間と労力をかけていて、申し訳ない、と思いました」

私　「紹介者からそんなふうに言われたの？」

学生Ｒ「そうです。場所を予約して、そのためにいろいろやったって言われました。それに、もうひとりのヤツがキャンセルしてたので、そいつも困ってた」

私　「小さい義理的なことで判断してしまって、これが税金を払っている人たちから盗むことだという大きな問題を見ていなかったということかしら？」

学生Ｒ「そういうことだと思います」

私　「お金につられたところもあるの？」

学生Ｒ「はい、一〇〇万円の申請で三〇万円もらえるのは魅力でした。バイト、減っていたし」

私　「でも、あなたは後悔していた。それが他の友人を勧誘しなかった理由？　あなたに詐欺をさせた人たちは、友だちを紹介しろ、と言わなかった？」

学生Ｒ「言いました。でも、それは、できなかった。やってはいけないと思って」

私　「つまり、実は自分自身も後悔していて、他の人を巻き込むのはダメだと思った？」

学生Ｒ「そのとおりです」

私　「その手の人は、かなりしつこく紹介しろ、と言ってこなかった？」

学生Ｒ「しつこかったです。でも、自分、やってしまってからずっと気持ち悪くて、だから仲間を紹介してはダメだって思って……」

私　「踏ん張ったのね。その点では、感謝しています。ありがとう」
学生R「……ほんとに、すみません」
私　「今度のことで辛い思いして学んだことは忘れちゃだめよ。約束できる」
学生R「はい、約束します」

私が学長になって三〇年以上、大学が退学させた学生は一人もいない。自ら退学した学生は一定数いるが。このニュースが出たとき、ネットでは全員の学生を逮捕して刑罰を与えるべきだという声が大きかった。そして、我が大学の対応は甘いと批判されるかもしれない。私は、その考えに一理あることを認める。ただ、私たちは教育者である。裁判官ではない。私たちがやるべきことは教育であって、裁くことについてはその専門家に任せたい。若者はある程度バカ者である。少なくとも私はそうだったし、バカなことをやって失敗し、そこから学んできた。学生にバカなところがあって未熟だからこそ、私たちは彼らを教育しているとも言えると思う。学生Rは愚かなことをしてしまったが、彼なりの正義感でおそらく執拗であった要求に屈せず、仲間を誘うことを拒否した思いも認めてやりたい。

うれしいことにコーチからの報告には、一人のステキな学生のことも含まれていた。学生Pも学生Rと同じ競技を高校までやっていたが、彼は早期に問題の本質を見抜いて一八人の仲間を説得し、彼らの犯罪を未然に防いだ。私は、Pとも話した。
私「ありがとう。仲間を助けてくれたこと、感謝しています」
学生P「うれしいです」
私「なぜ、まずいとわかったの」
学生P「ぼくは、将来自分でビジネスをやりたいと思って、いろいろ勉強しています。それで、お金ってシビアで、うまい話があるわけないって知りました」
私「それで、あなたは危険に近寄ることを避けたわけだけど、なぜ、仲間たちを止めようと思ったの？」
学生P「三〇万円ぽっちで仲間を失ってたまるか、と思いました」

この一年、若者がコロナを蔓延させているという指摘をはじめ、若者は多くの批判を受けてきたが、Pのような若者もいるということを知ってほしい。そして、下宿で自宅待機になった友だちのために毎日買い物をして、部屋のドア・ノブに下げていた女子学生がいたことも。

実りの秋

かくして、至学館大学には、学生たちが元気でうるさい、ということが平穏ということばで表現できるかの疑問はさておいて、うちの大学らしい平穏な日々が戻ってきた。忙しさは変わらないし、相変わらず学生たちは、注意していないとすぐ、「このくらい、いいだろう」という感じで予防策をないがしろにすることもあるが。

山男やテニスたちがＰＣＲ検査に慣れ、判定にも一定の自信がもてるようになって、大規模な学生向け検査が始まろうとしていた。

コロナ・チームから防護の講義、学生相談室からは学生への言動に関する講義を受けた女子職員たちが、陽性と判断された学生をどうやって目立つことのないように連れ出し、隔離室まで連れて行くのかが綿密に計画された。隔離室での待機と医師による診察、保健所への連絡等の手順も確認済み。

これらの最後のチェックを行っている会議で、マザーからクレームが入った。

マザー「カウンセラーたちが怒っています。あの隔離用の部屋はなんだと」

ホノボノ「えっ、どういうことですか？」

マザー「殺風景で、まるで取調室みたいだと言っています」

ホノボノ「使用後に消毒をしなければならないので、できるだけ余分なものは置かないことにしたものですから」

マザー「おそらく陽性になったのだと、すでにショックを受けている学生が、医師が到着するまで取調室のような所で一人で座っていなければならないのですか？」

ベンケイ「でも、確かに消毒のことを考えたら、インテリアでもないよな」

私「私は、機能性も大事だけど、学生の精神的安定はもっと大事だと思うな」

キャンプ「清潔に保ちながら、気分を暗くしないような部屋にできるだろうか？」

私「できるはず。やってみましょう」

テキパキたち学長室の女性職員たちが名乗りを上げて、隔離室の「ソフト化プロジェクト」が開始された。私はひよこのような黄色に、大きな目玉がついたクッションを寄付し、毎週切り花を買ってくることにした。明るい色合いが学生を温かく抱きしめてくれますように。

カウンセラーたちのクレームは、すごくうれしかった。お叱りはごもっとも。彼女たちは、ほんとうに心の底から学生たちのことを守ろうとしてくれている。ＰＣＲ検査に直接関わっている教職員たちも、これをさまざまなかたちで支援している教職員も皆、指示されたより高いレベルの仕事をやろうとしている。互いに綿密に連絡を取り合い、複雑な連携作業をこなしてくれている。そして、キャンパスのあちこちで出会う教職員の笑顔が増えている。かつてなかった一体感が芽生えつつある。そのことが何よりうれしく、誇らしかった。私たち、なかなかイケてるよね。

ありがたいことに、毎週の花たちは、そのほとんどが学生に見られることなく枯れていった。

「今日の検査は、全員陰性でした」

という報告が続いていたのである。

キャンプ「予想外ですね。私は、もっと陽性者が出ると思っていました」

ベンケイ「私も、そう思っていた。うちの学生はじっとしてるのが嫌いだからな」

ネット「でも、これは幸せな番狂わせだな」

キャンプ「どうして、こんなに陰性ばかりなんだろう」

私「ずっと予防のための教育をして、接触確認アプリも入れさせたりしたのが効いていると思いたいな」

マザー「私もそうだと思いますよ。少しずつ、今のキャンパス・ライフに馴染んできているように思う」

私「それに、全員検査するって宣言したことで気をつけているのでは？　きっと陽性になったらカッコ悪いと思って気をつけているよ」

真偽のほどは分からない。だが、おそらく多くの要素が複合的に働いているのだろう。少なくとも、

「いつでも検査してもらえるから、少々ハメをはずしても大丈夫そう」あるいは、

「陰性だぜ、カラオケ行こうぜ」

とは、ならなかったようだ。そして学生たちにＰＣＲ検査の感想をきいてみると、

「意外に簡単だった」

「待っている間は、ドキドキした」

「陰性だと分かったとき、ものすごくうれしかった」

「陰性続けるためにがんばろうって思った」

というのが大半であった。ＰＣＲ検査をするということ自体に予防的な効果があるのかもしれない。

ＰＣＲ検査と学生

全体の安全を確保するための情報共有や「知る権利」と個人情報の保護をどうやって両立するのか、適切なバランスというものがどういうかたちで成立し得るのか、これは私たちが迷い続けている問題である。今の段階では、確たる結論もない。難しい。

ただ、全学の関係者がＰＣＲ検査を受けるということによって、自ずと全員が当事者になったことから、学生を巻き込んでの議論は続いている。また、なぜ至学館大がＰＣＲ検査を導入

し、どこへ行きたいのかという課題も同様である。HPに載せるかたちでの私自身の発信や学生への通知、教職員による啓蒙は絶えず行われてきたが、それとは別に学生たちと私の「対話」もあった。

私の授業での出席確認のペーパーには、学内の感染に関する質問や意見が多数書き込まれていた。これらをチェックし、翌週の授業の質問に対する応答タイムでは、大学としての考えを説明した。ときには、その週の幹部が集まる会議でどう返答すべきかを話し合った。

学生「陽性者が出たら、学科や学年、クラス、所属クラブを教えてほしい」

私「知りたい気持ちは理解できます。しかし、もし、君たち自身、あるいは仲のよい友だちが陽性になった場合、それを他の人たちに知られたいだろうか？ これまで陽性になった人たちは、カウンセラーのヒアリングに答えて、他の人々の目が怖い、自分から話しかけることを躊躇すると述べています。大学が徹底して個人情報を守っていても、そうなのです。私たちは、個人が特定される可能性のある情報は出しません。特定のクラスや部活が特異な目で見られることも避けたい。内部で差別がなくても、小さな不注意で外部に情報が洩れることもありますから」

学生「普通に予防していたら、感染しないと思う。陽性者は自業自得ではないのか。そんな人から知らないうちに感染する危険をなぜ冒す必要があるのか？　感染者について教えてくれるべきだと思う」

私「普通に予防していたら感染しないのであれば、君たちが普通に予防している限り、感染者を知っていようと知らなかろうと予防できるのではありませんか。確かに、『このくらい大丈夫だろう』とか、『あの人に限って』というような判断で感染した人たちが多いのも事実だけど、本当に、いくら考えても感染経路が分からない人もいる。感染者は犯罪者ではありません」

学生「感染者のことをまとめて発表するのではなく、出たらその都度発表してもらえませんか？」

私「至学館大のような小さな大学では、個人の特定が起きる可能性が高くなります。だから、一定期間のものをまとめて発表しています」

学生「詳しい情報がなければ、自分の身が守れません」

私「大学は、陽性者本人の協力を得て、詳しい行動履歴の調査を行っています。これをもとに、保健所が認定するよりかなり広い範囲の人たちを濃厚接触者と考えて通知し、PCR検査を受けてもらっています。大学が陽性者を大事に守っているから協力が得られるし、それがキャンパスを安全にして、君たちを守ることにつながっています」

学生「検査の結果が陰性であっても、それは瞬間的なものです。そんな検査に意味があるとは思えません」

私「私たちの検査は、個人個人に保証を与えるためのものではありません。キャンパスの安全性を高めて、より君たちが安全に学生生活できることを目指しています。だから、検査費用も無料にしてあるのです。無症状のうちに早くウィルスを見つけて隔離すればクラスターになるのを防ぐことができると考えているのです。自分のための検査ではなく、周りの人々を守るための検査だと考えてください。また、私たちは最大限の予防策を取ろうとしているけど、ゼロ・リスクは求めていません」

学生「なぜ、ゼロ・リスクではないのですか？」

私「ゼロ・リスクを求めれば大学を閉め続けるしかないからです。大学が存在する意味がなくなります。これは、スポーツと同じ。ケガをゼロ・リスクにしようとすれば、スポーツをやめるしかない。ケガを減らす、あるいは軽くするためにスポーツ栄養やトレーニング科学、身体のケアについて教えますが、それでもケガはゼロになりません。でも、こういうことを学ぶことでリスクは下がる」

学生「感染した人を守りたいのであれば、なぜその人が露わになるような検査をやるのですか？　意味が分かりません？」

私　「私たちは、感染者を炙り出すことには全く関心がありません。私たちがやっているのはウィルス探しです。ＰＣＲ検査はウィルスを『見える化』します。検査によってウィルスがどこにあるのか発見できます。残念ながら、それは誰かの体内なのです。ですからウィルスを他の人に近づけないために、その人には、自分自身を隔離してもらいます。つまり、陽性者は、自らを隔離することで他の人を守ってくれているのです。皆さんにはウィルスと人を区別することを学んでほしい。ウィルスは憎むべき敵だけど、検査で陽性者となった人は皆さんを守る味方です」

学生「ＰＣＲ検査は不正確だと聞きました」

私　「一〇〇％完璧な検査はほぼ存在しないでしょう。ＰＣＲ検査がとくに不正確ということはありません。むしろＰＣＲは検査としては正確だけど、読み取る人の判断が不正確であったり、検査のタイミングの問題だったりで間違いが起きます。私たちの検査でも、正確に判断できる自信をもつまで、かなりの準備が必要でした。そして、疑いのある結果に対しては、日数をあけて検査を繰り返すことで正確な結果が得られるということを学びました。うちの検査では、擬陽性は出ないと思っています」

一年生と四年生の授業で出た疑問と回答を合わせて紹介したが、一人の質問をクラス全体に紹介して回答するというやり方を繰り返すことによって、かなり多くの学生に私たちの考え方は浸透してきたのではないだろうか。今では、心配な点がある学生たちが、数多く自ら検査を申し込んで受けてくれている。「周囲の人を守るため」という考えが理解されてのことだろう。また、今のところ陽性になった人が差別されるなど辛い目にあったという報告はひとつもない。小さくて人々の交流が活発な大学だから、おそらく多くの陽性者について周囲は察知していると考えられるのだが。ウィルスによるキャンパス・コミュニティの分断は防ぐ、という私たちの目標は達成されているのではないだろうか。というより、むしろ、結束は強まっているのではないかしら。

第四章　助走の冬

ＰＣＲ検査ができるようになって、後期は順調に実験や実習も進めることができて、対面と遠隔をミックスした授業も大きな問題なく行われるうちに秋が深まってきた。寒い日が多くなり、換気のために窓を開け放った教室にはダウン・ジャケット姿の学生たちが増えてきた。一年生たちもすっかり馴染んで、もう他の学年と見分けがつかない。

しかし、太陽の光が弱くなり、気温が下がってくるとウィルスも再び勢力を増してきた。じわじわと感染者数が増えている。学内の検査でも、学生の感染者が見つかり始めた。家族の職場でクラスターが発生して保健所の検査で陽性が見つかった学生もいた。反対に、職場では保護者が濃厚接触者に指定されずに不安に陥っていた学生のために、保護者ともども検査したケースもあった。

それでも、学内は落ち着いていて教職員の意欲は高く、学生たちも元気で明るかった。心配だったら、検査すればいい。結果が陽性であっても、どうすれば拡散を最低限にできるか、その方法も手順も分かっている。少なくとも、心配するだけで何もできずにいる日々が終わった、ということが大きな安心感になった。無力感に苛まれながら不安な日々が続くことがどれほど大きなストレスになり、私たちを疲れさせていたのかということが理解できた。このような状態では心に余裕がなくなって、お互いに対する寛容さや共感能力が減退しがちで、ぎすぎすした雰囲気になりやすいということも。ＰＣＲ検査を導入したことで仕事も増え、毎回の結果を待つ緊張感もそれなりのものだったが、教職員たちは笑顔で、態度には余裕が見られた。大学の庭での立ち話も盛り上がることが多い。

スポマネ「検査が始まる前は気づいていなかったけど、いろいろなことにすぐ腹を立てていたのが、近頃は、まあ、いいかって考えることが多いです」
甲子エン「よその大学関係者に『おまえのところはいいなあ』と言われることが多くてうれしいです。忙しいけど、やりがいを感じてます」
私　「絶対にウィルスを散らさないように気をつけなくてはいけないし、けっこう神経使うでしょう」
甲子エン「確かに。でも野球の試合でも相手が強くて緊張するくらいが楽しいですよ」
オダヤカ「私は、職員のチーム意識というか、一体感が高くなっているのを感じます。ともに戦う同志というか」
甲子エン「確かにそうだ。それに最初に基本原則が決められて方針がはっきりしていたから一致して動きやすかったし、迷わなかったなあ」
ホノボノ「これからまた、感染が増えてくるでしょうから気は抜けないですね。皆で協力してがんばります」

ホノボノのことばどおり、年末の休暇が近くなると、感染のカーブはどんどん角度を増してきた。学内では、年内最後のＰＣＲ検査が無事に終了したところだった。

キャンプ「東北へ帰省する学生が家族に帰って来ないでくれ、と言われて相談してきました。年末年始に独りで下宿にいるのは辛い。ＰＣＲ検査をして陰性証明を出してくれないかと言っています」

私　「可哀そうに。でも、この間、検査担当者たちは忙しかったからね。休めるときはできるだけ休ませたいな」

キャンプ「とりあえず、山男たちに相談してみてもいいですか？」

私　「もちろん、それはかまわない。でもごり押しはやめてね」

内心、この学生には我が家でおせち料理を食べさせてもいいな、などと考えていた。毎年いっぱい作るわけだし……。

ところが、そうはならなかった。

キャンプ「山男が希望者を募って追加検査をする、って言ってます」

私　「大丈夫かな？」
キャンプ「正月くらい、下宿生には家族に会わせてやりたいから、ぜひやりたい、と。費用は予定外だから、学長の許可がほしいそうです」
私　「分かった。それじゃ、やりましょう。だけど一回の検査でできる人数にしよう。申し込みは三日で締め切る。だらだらやったら、山男たちの休みがなくなっちゃう」

その日のうちに帰省する学生用の追加検査募集が発表され、八〇人弱の応募があった。こんなに多くの学生が、狭い下宿の部屋で年末年始の孤独に耐える覚悟をしていたのだ。相談して訴えてきた学生は、例外でもなんでもなかったということに気づかされた。大都市圏で生活する私には、都市部から人を迎え入れることを怖れる地方在住者の現実が全然見えていなかった。正月くらい、家族は娘や息子に会いたいに決まっているし、近所の非難もそこまで強くないだろうと、安易に考えすぎていた。
八〇人ほどの学生は、検査の結果全員が陰性で、無事に家族とともに新年を迎えた。

再びの「緊急事態宣言」

年が明けた。雑煮の支度をしながら拡げた朝刊に、前日の東京の感染者が一挙に一〇〇〇人を超えて一三〇〇人となったことが出ていた。

「緊急事態宣言は避けられない」という直感が頭をよぎった。しかし、まさか元日早々にモリオやベンケイ、キャンプにホノボノの家に電話するのも無粋すぎるよね。

午前一〇時には、上の階に住む娘一家と、独身のくせに寂しがり屋で我が家のおせちを食べるのが習慣のキナコに、東北が実家で帰りそこねたムスコもやって来た。四人以上の会食になってしまうが、いつも一緒に過ごす連中だし大目にみてもらうことにしよう。数の子を漬けたり、黒豆を煮たりして約一週間かけて作ったおせち料理。イクラにいたっては一〇月に筋子をほぐして醤油漬けにしてあった。これをワイワイやりながら、盛大に食べた。何もかも政府のコロナ専門家委員会による忠告に逆らっているような気もするが、どこまで「自粛」するのかは自分で決めたい。あと何年元気でいられるのか分からないわけだから、家族の伝統行事まで犠牲にしたくない。お腹がいっぱいになって、皆で近所の小さな社に詣でてきた。近所のいつもなら初詣でで賑わう寺の前も通ったが、例年とは似ても似つかない静けさだ。ほとんど人出がなかった。やはり、ほとんどの人々は爆発的な感染が始まっているのを嗅ぎ取って、街に出て来るのを躊躇っているのだろう。

翌日には、少し申し訳なく思いながらも同僚たちに電話で、当面の授業をすべてリモートに切り替えることを相談。早く学生たちに知らせてやらないと、下宿生たちが戻ってきてしまう。

全員が同じように考えていたことが判明して、すぐに教職員、学生への発信が始まった。
授業は遠隔に切り替えたが、大学の施設は部分的に開けることにした。狭い部屋にいる下宿生や自宅でゆっくり勉強する環境にない学生たちは、大学に来て図書館や教室で勉強すればよい。トレーニング・ルームも開ける。身体を動かして気分転換したい学生や、筋肉を落としたくないアスリートも多いだろうから。ただし、こちらは今年になってからのPCR検査陰性が条件。検査を通過した資格適合者のリストはトレーニング・ルームに送付される。部活も正当な理由と予防策を出し直し、かつPCR検査を受けて認められる。去年の春の混乱状態に比べると、すべてがスムースに決定され、実行に移された。

私　「一年間の試行錯誤はムダじゃなかったね」
ベンケイ「何がどうして大切なのか、皆よく分かってくれているから、指示もラク」
私　「学生が教えてくれたことも多いよね」
マザー　「そうですよね。狭い下宿の部屋でずっと課題をやる辛さは学生に教えてもらいました」
キャンプ「身体を動かしてないとストレスが溜まることもね」
直角　「家ではスマホの画面で遠隔授業に参加している学生もいますからね。大学に来れば情報処理室も貸し出し用のパソコンも使えます」

いつでも、大学に来ていいよ、というメッセージは緊急事態宣言下の学生の気持ちを一定ラクにしたようだ。私が大学に行っても、キャンパスを歩く学生に出会わない日はなかった。対面授業がなくてもニーズはあったからＰＣＲ検査も続けた。教職員は当然として、スポーツをしたい、家族やバイト先で感染者が出た、感染の可能性のある行動をした等の理由で検査を申し込む学生たちが続いた。学生にとって、ＰＣＲ検査はキャンパス・ライフの一部になりつつある。

ここまで、コロナの作り出す問題に対し、大学の機能を最大限に生かし守るという姿勢を愚直に持ち続けることから、私を含め至学館大学の教職員がどれほど多くを発見し、学び、またノウハウを蓄積してきたかを述べてきた。そして、皆で同じ原則を共有してウィルスのもたらす状況と闘ってきたことがチームとしての一体感と強さを鍛えてくれたことを強調してきた。チームの一員として、私は同僚たちを心から誇りに思っている。

一方、「助走の冬」と題した本章では主に学生たちが「コロナ問題」と格闘し、葛藤したことで何を学び、何を得たのかに焦点を当てたい。学年の最終段階で提出されたレポートや期末テストで記述された小論文には、彼ら自身のことばでコロナの影響が表現されている。

コロナ禍のプチ冒険

私が受け持つ授業である「大学論」（短大では「学生と大学」）には、学生が必ずやることになる名物課題の「プチ冒険」というのがある。読んで字のごとく、プチでいいから冒険しなさい、という課題である。これまでやったことのないことで、オリジナルな冒険を計画して実行し、その結果をレポートにして提出する、というものである。ともすれば付和雷同的で空気を読むのは上手だけれども、流れに乗ることばかり長けていて、自分で考えて自主的に行動するのが苦手な現代っ子（だけでなく日本の大人もそうかもしれない）に、一歩踏み出してもらうために考え出された課題である。一定期間の休暇の前に出されて、休暇中に実行することになっている。前期にこの科目を取る学生はゴールデン・ウィーク（今年度はコロナのために夏休みにずれ込んだ）、後期の学生は冬休みにこの課題をやることになっている。

学生たちは事前の授業で過去の学生たちの冒険についての紹介を受け、これらを参考にしながらも、自分自身が今やりたいこと、やっておきたいことを検討し、自らのプチ冒険を考えるのである。今回は、後期の学生たちがプチ冒険を行った時期と、コロナの第三波が重なってしまった。ただでさえ、四月、五月は大学に来ることができなかった一年生たち。果たして、コロナ禍の制約のもとでどんな冒険をしてくれるのだろう。加えて、いつもの年なら、教室で発表会をやるのが恒例になっているが、今年度は一月からの授業が遠隔のみになっているので、Ｚｏｏｍでやるしかない。二〇〇人近いクラスのＺｏｏｍは私たちも未経験で、果たしてうまくいくかと心配した。

結果は大成功だった。ほぼ全員の学生が参加した。事前に学生たちが書き込んだプチ冒険のタイトルのリストを見ながら、教師がランダムに発表する学生を指名した。指名された学生たちは、誰一人として拒否することなく発表に応じてくれた。手助けのための質問を挟みながらであるが、発表の要領もよかった。そして、その内容が面白かった。例年ならば、「ＴＤＬに行きました」あるいは「ＵＳＪに行ってきました」などの、これってオリジナル？と思われる冒険もいくつか混ざっているのだが、「自粛」を求められている若者たちにはムリだったから、彼らは真剣に「冒険」の意味を考えたらしい。

いくつか紹介してみよう。

学生Ｑ「下宿における自粛生活の唯一の楽しみは、大好きなゆで卵を毎朝作ること。それで私にとっての完璧なゆで卵のために三〇秒ごとに時間を変えて研究してみました。（写真を提示しながら）各時間の黄身の固まり具合はこの写真のとおりです。私が好きなのは八分三〇秒のものとわかりました。ポットのお湯に浸ける時間です。研究の結果、毎日ベストなゆで卵が食べられるようになりました」

学生G「自粛生活で身体がなまるのがイヤで、毎日近所をジョギングしました。その結果、今まで気づくことのなかった地域のことでたくさんの発見をしました。おもしろい形の木や気になる店、コロナが収束したら行ってみたい喫茶店など。コースをいろいろ変えてみたけど、何度も同じ人に会って声を掛け合うようにもなりました。『気を付けて』と言ってくれたり、思ったより親切な人が多い」

学生Y「僕は、コンビニでアルバイトをしています。その店の常連さんに耳の不自由な女の子とお母さんがいて、二人は楽しそうに手話で会話をしています。僕は、自分も手話ができると女の子とも話せるのに思い、ネットで調べて手話を勉強しました。しばらくして、また親子がやって来たとき『お弁当、温めますか？』や『レジ袋いりますか？』を手話で言ってみました。通じました！『ありがとう』と言ってもらい、『また来てください』と対話ができた。これからも手話の勉強を続けます」

Yは、画面の向こうで実際の手話を披露してくれた。学生たちの評価が高かった。

学生L「いつもだと休暇中には中学のときの同期と集まります。でも、今年はコロナでムリでした。単純に諦めないために、ちょっと勇気が必要だったけど当時のクラスメート三八人の全員に電話をかけてみました。二二人が電話に応えてくれて、お喋りしました。私は、自分から声をかけるということをあまりしてこなかったけど、壁がひとつなくなりました。相手は皆、喜んでくれて、私も楽しかったです」

学生Ｅ「ぼくは、肩甲骨の可動域を広げる訓練を毎日やりました」

私「えっ、意味が分からない、どういうこと？」

学生Ｅ「うーん、説明難しい。やってみるから見てください」

Ｅはセーターを脱ぎ、その下に着ていたＴシャツも脱いで上半身はだかになった。そして、横向きになって、背中側の肩甲骨をぐっと突き出したり、ぐりぐり動かしたりしてくれた。

私「そんなことができるのね。すごい、初めて見た。それで、肩甲骨がよく動くとどんないいことがあるの？」

学生Ｅ「肩甲骨の可動域が広くなると腕の振りがよくなって、これが走るときに記録を伸ばすのに役立つのではないかと思います。ぼくは陸上部なので、今のうちにこれをやっておいて、思い切り練習できるようになったら自己記録を塗り変える予定です」

学生Ｊ「おばあちゃんが畑で野菜を作っています。今はまだ冬で収穫はなかったけど野菜の小さな芽が出ていて、おばあちゃんは毎日手入れ。せっかく里帰りできたので、おばあちゃん孝行しようと思って草抜きを手伝いました。野菜の芽まで抜きそうになりました。おばあちゃんはすごく速くてしかも間違えない。尊敬しました。私の方が体力あるはずなのに、終わったらぐったり」

学生U「私は人見知りが激しいのに、バイト先の焼き肉店で余っているレバーを売ってくれ、と頼まれました。断ろうかと思ったけど、プチ冒険としてやることに。店も経営がたいへんですから。家族連れに勧めたら『レバーは嫌い』と断られ、家族連れは確率が低いと思い、一人で来ている男性と酔っぱらっている人に照準を絞りました。大成功で、私は営業に向いているかもしれないと思いました」

学生H「ちょうど一年前からお兄ちゃんと口をきいていませんでした。私は受験で兄は親切にアドバイスしてくれたのだけど、私がイライラしていて『うるさい！』と怒鳴り、それから口をきいていなかった。今回、帰省で帰っていたので仲直りしようとしたけど、恥ずかしくてことばが出ない。それで、手紙を書きました。『ごめんね』の手紙に兄は、『全然気にしてないよ』と言ってくれて、もとの兄妹に戻りました。もっと早く謝ればよかった」

学生S「私は、この機会にと思って四月から書き始めた日記を全部読んでみました。なぜか恥ずかしくてドキドキしたから冒険だと思います。四月、五月と自分自身がどんどん暗くネガティヴになっていったのがわかりました。それが六月から対面授業が始まって調子が変わりました。新しく出会ったヒト、コト、モノが毎日登場して、ことばも生き生きしていました。そして、大学生としての充実感をもって、積極的に成長していこうとしてきたと思います。この日記を読んで、辛かった日々を大事なものと思えるようになりました」

コロナ禍にもかかわらず、いやコロナ禍での制約があったからこそ、学生たちは何が意味のあるチャレンジなのかを真剣に考えてくれたようだ。発表会の感想レポートを読むと参加していた学生たちが真剣に仲間の冒険に聞き入っていたことがうかがえる。触発されて、いくつもやってみたいことを見つけた学生は多い。


「リモートでも同級生に会えてうれしかった。早く大学で会いたい」

「みんなのプチ冒険を聞いたときはすごく刺激をもらった」

「今まで話したことのない子の冒険聞いて、今度話しかけてみたいと思う」

「プチ冒険があったから、家で過ごす時間を充実した時間にできた」

「今まで、なかなか新しいことに踏み出せずにいたけど、やってみると面白い。これからいろいろなことに挑戦します」

「小、中学生のときはまだ分からないことも多かったので、たくさん新しいことをこなして生きていったと思いますが、高校生になってからは挑戦というよりかは努力ばかりしていたので、大学生というまた一つステップが上がったところで挑戦することを教えていただいたのは自分のなかでとても財産だなと感じました」

「学長たち、質問でリードするのが上手い。参考になりました」

「プチ冒険って新しい自分自身と出会うことなのですね」

うん、ここまで洞察できるとは、やるね。

学生たちのテスト問題

プチ冒険の発表が終わると、あとは期末テストを残すのみ。毎年、「大学論」のテスト問題は学生たちが作る。もう少し詳しく述べるなら、学生から募集した問題から選んで、必要に応じて編集する。選ぶのは五問。答えるのは小論文で一問だけだから、応募した問題が出れば確実にいい点が取れる。このことをニンジンにして、テスト問題を作らせることで学生たちが授業全体を振り返らざるを得ないようにして、今度はテスト前夜にもう一度勉強してもらうという教員側の狡猾な仕掛けでもある。テストの質問を作る作業を通じて、教師側の視点も考えられるようになると、他の科目の勉強の仕方も少し変わるのではないかと期待もしている。しかも告白すると、私たち教員より一〇〇人以上の学生が考える問題の方が優れていることが多い。今年度の問題は異色だった。毎年、入れ替わっても一問フレッシュなのが出てくるか否かという程度なのに、今年は五問中三問が全く新しい問題であった。その三問とは、

（1）あなたは緊急事態宣言で自粛している間に有効な時間の使い方ができましたか？　どんな風に毎日を過ごしたのか、またそれによって得たこと、反省したことを記述してください。

（2）対面授業と遠隔授業を比較して、それぞれの長所と短所を述べよ。また、あなたはどちらが自分に向いていると思うか理由含め記述せよ。

（3）東京オリンピック・パラリンピックの開催が議論になっています。あなたはこの問題についてどのような考えを持っていますか？　中止、決行、延期のどれがふさわしいと思うのか、また、どうしてそう考えるのかを述べなさい。

三問とも、私たちの予想の範囲を超えていた。同時に、大学生になってこれまでとどういう点で違った自分自身を目指すのか、またそのために時間の使い方や学び方をどう自己管理していくのかを考えるという授業の目的に照らして、意義のある問題でもあると思う。これら三つの問題には、一年をかけて学生たちが悩み考えてきたことのエッセンスがにじみ出ているよう

に思われるのだ。

学生から見た対面授業と遠隔授業

学生たちは対面授業と遠隔授業の両方を経験したが、それは実際にどのような体験であり、どう受け止めたのだろうか。答案用紙をざっと見たところでは、対面授業派は六割強、遠隔授業派が二割、それ以外がミックス派であったが、質問がどちらかを選ばなければならないように設定されていたので、実際にはミックス派がもっと多いかもしれない。こう書きながら、私は「重要なのは数値じゃないな」と考えている。おそらく一〇〇％対面派もその反対も限られていて、大半は「どちらかと言うと……」ということだと思う。私たちとしては、学生が授業を受けながら感じたことを真剣に受け止めて、どのような形態で授業することになろうと、より多くの学生にとって好ましく有意義な授業を試みることが大切だと思う。

その意味で、短時間のアンケートと違い、学生が一時間かけて真剣に書いてきたことには、私たちが知るべきことが多く含まれている。

まずは、いくつかの学生の肉声を紹介してみたい。ところどころ変な表現もある上、少し長くなるが、お赦し願いたい。これらを引用するにあたっては、学生自身の許可を得た上で、誤字脱字を訂正しておいてほしいかを尋ねた。で、少々訂正した。滅茶苦茶かわいい間違いを訂正するのは惜しい気もするが、本人たちの希望には従っておこう。

学生ＨＳ

「私が考える対面授業の良いところは、他の生徒と交流することができ、分からない問題の解き方、苦手なこと、疑問に思ったこと、ものの考え方を同じ場所、同じ時間で、共有できるところだ。特に、体育実技の授業では対面における良い点をより感じることが出来る。苦手な種目を行う時、先生に聞くのもよいが、友達の方が聞きやすい。その場で見てもらいながら行うため、指導してもらう事ができ、苦手をその場で潰すことが出来る。座学でも対面授業の良いところが感じられる。疑問に思ったことをすぐ質問することができ、解決まで導くことが出来る。繰り返し受けることが出来ないので、いつも以上に集中して授業を受けるであろう。

逆に対面授業の悪いところは、授業の集中度に各生徒、差があるところであろう。真剣に受けたい生徒もいれば、雑談で盛り上がっている生徒もいる。自分が集中したくても、周りが騒がしければ、気が散る部分もあるであろう。授業の進行が早いため、集中していても、聴き逃してしまう部分もあるであろう。

Ｚｏｏｍ等を用いた遠隔授業の良いところは、時間を有効活用することができるところであろう。中には、学校へ約一時間もかけて登校する人もいる。その一時間を有効活用し、授業の準備や課題に取り組む時間に使うこともできる。オンデマンドの授業の際には、その時間に受けなくてもよいので、自分のより集中できる時間に受けることも出来る。画面を止めたり、戻したり出来るため、自分の理解できなかった部分を見直すことができるため、授業への理解も深めることが出来る。

遠隔授業の悪い所は、授業を忘れてしまったり、課題の提出が疎かになってしまう点であろう。その場に行かないため、自分で時間を意識しなければならない。授業時間内に課題を提出する訳ではない場合もあるので、提出を忘れてしまいがちである。自分の様子が映ってないので、聞き流してしまったり、集中力が下がり、適当になっている部分もあるであろう。自分で時間や課題を管理するため、当たり前のことが出来ないといけない部分もある。

この各授業の良い点、悪い点を考え、私自身は遠隔授業のほうが自分に合っている。実技系の授業においては仲間たちとやった方が、完成度も上がり、苦手を克服しやすいであろう。しかし、座学などは一人でやった方が集中することが出来る。静かな状態で学習するほうが、私は集中できる。周りの声が聞こえると、飲み込まれてしまうことは無いが、イライラして嫌な気持ちにもなり、精神的ストレスを受ける面もあるであろう。時間や課題提出においては、自己管理能力が上がり、将来のためにも役立つであろう。通学時間を予習や復習の時間に充てることが出来るので、一人で集中してやりたい私にとってはとてもプラスになる。何度も見直し、復習も出来るので、このような点から、私には遠隔授業のほうがあっていると考える」

学生ＹＳ

「私が思う対面授業の良い点は二つあります。

一つ目は時間や場所を指定されることで授業を集中して受けることができることです。時間を指定されることで、授業のために規則正しい時間に起きるので頭が冴えた状態で授業を受けられますし、学校という授業の妨げとなるものなどがない環境で勉強できるのでより授業の内容が頭に入ってきやすいです。二つ目は、周りの人や先生などとコミュニケーションをとれることです。コロナウィルスの影響で人と会うことが減って、人と会話することの大切さや楽しさが身にしみて分かりました。また、授業の内容を教えあったりする協調性は将来絶対必要なので、そういうことも対面授業でしか得れないメリットだと思います。

対面授業の悪い所も同じく二つあります。一つ目は、人と無駄話をしてしまうことです。特に大学の講義室は広いので、多少友達と無駄話しても、高校までと比べて注意されないと感じました。大学生だからこそ、そこはケジメを持って自分で管理しなければいけないと思いました。二つ目は、講義が先生のペースでどんどん進んでしまうことです。

対面授業で多くの人がいると質問しにくかったり、一度聞き逃したことをそのままにしてしまうということがありました。

遠隔授業の良い所は、自分のペースで勉強出来ることです。Ｚｏｏｍ等の授業は、対面授業に比べて質問がしやすかったり、オンデマンドでの授業は、聞き逃したことがあったり理解できないことがあったら何度でも再生することができたので自分の身になりやすかったです。

遠隔授業の悪い所は二つあります。一つ目は、だらけてしまうことです。極論授業一分前に起きても授業に参加できるので、授業のために早く起きるという意識が薄れてしまい、頭が半分眠っているまま授業を受けるということがたまにありました。また、ずっと先生に行動を見られるわけではない授業が大方なので、講義中寝てしまったり、ご飯を食べながら授業を受けてしまってたことがありました。これは自分の意識の問題ですが、そういうことができてしまうというのは遠隔授業の悪い所だと思います。

二つ目は、人とコミュニケーションを取れないということです。授業中に一回も発言しないということがよくあったので、コミュニケーション力や人との協調性はつきにくいと思いました。

私は、対面授業の方が合っていると思いました。理由は、私は部活動などもそうですが、強制されないと自分に甘えてしまう癖があります。時間、場所を強制してくれることで、勉強のスイッチが入り、生活習慣が良くなることに繋がります。そして、人と会話できることで楽しいという気持ちになり、授業の向上心も増します。無駄話をしないというケジメをつければ、対面授業はとても有意義なものだと思います」

学生TT

「対面授業の良い所は、直接話が聞ける分、話手の熱が伝わってくることだと思います。自分はもともと、話を聞くのが好きなので、その時々に相槌を打ちたいし、できるならなるべく前の席を取って近くで聞きたいと思っています。対面の良さは、遠隔などでは感じられない、その場の臨場感を感じることができることだと思います。

反対に、対面授業の悪い所は、その時間しかない分、聞き手に融通がきかない事だと思います。どれだけ全部聞こうと思っていても、動画などとは違い、途中で話を止めてメモをすることは対面ではできません。だから、すごくいいことを言っていても、他のことをメモしている間に聞き逃してしまうことがあります。

遠隔授業のＺｏｏｍ、オンデマンド等の良い所は、オンデマンドなら自分の好きなタイミングに、動画を止めながらでもできることだと思います。動画を止められるから、重要なワードを聞き逃すこともないし、やっていて疲れてしまったら、また別の時に続きからやることもできます。オンデマンドは対面と比べ、だいぶ融通がききます。Ｚｏｏｍの良い所は、対面の授業で友達と絡んで、だらけてしまう人でも、Ｚｏｏｍなら一人一人に画面の資料が配信されるから、しっかり集中して取り組めることだと思います。実際、自分自身も対面の時と比べ、Ｚｏｏｍの方がしっかり話を聞けたと思うし、集中できていたと思います。遠隔授業の良い所は、対面ほどの臨場感は無いものの、やり方次第では対面以上の濃い内容にできることだと思います。

反対に、遠隔授業の悪い所は、オンデマンドだと配信されていたことを忘れてしまい、課題に取り組むことを忘れてしまうことがあることだと思います。また撮影された環境次第で声が聞き取りづらかったりすることがあったり、動画内で間違いや疑問があっても、すぐその場で質問することができないことです。Ｚｏｏｍでの悪い所は、ネット環境に左右されることだと思います。ネットが無いところだと完全に受けることが無理だろうし、配信してる側のネット環境次第でも、配信が止まったり乱れたりすることもあります。また、電子機器の取り扱いが苦手な人にとっては、毎回毎回セットして行うのが苦痛に感じる人もいると思います。つまり、遠隔授業の悪い所は圧倒的にネット環境に左右され、対面ほど気軽にその場で質問できなかったり、電子が苦手な人には少し苦になるところがあるところだと思います。

対面と遠隔、どっちが僕に合っているのかというと、対面授業だと思います。前述した通り、僕は人の熱を感じたいタイプの人間なので、直接話を聞いて、臨場感を楽しみながらも、相槌を打ったり、反応したりして授業を受けたいからです。動画を画面越しで見るなんかより、対面で直接、できるなら近い席で、そうした方が圧倒的に心に響く何かがあると僕は思います。

例え、対面の方が講義時間が長かったり、他の学生がふざけていたり寝ていたりしていようとも、僕は対面が好きで、対面で受けたいので、遠隔か対面だったら対面を選びます」

学生ＭＳ

「まず対面授業での良い所は実際に学校に行くことによって友人や知人ができるという所だ。画面越しではわからないその人の雰囲気や身長のことなどを知ることができる。人は五感で感じることによって印象に残りやすいと習ったことがある。だから、対面で同級生に会うことにより自分の感覚が刺激されて友達を作ることができるのだと考えた。私は友達を作ることは苦手だが、対面授業のおかげでいまでは欠かすことのできないとても大切な友達を作ることができた。また、大学の施設を利用できるという所だ。アリーナ、図書館、情報処理室やサポートセンターなど私はそのような施設のおかげで大学生活を充実して過ごすことができたと思っている。サポートセンターの方々には何度も助けていただいて、図書館があったから勉強や映画鑑賞で知識を増やしたりすることができた。

悪い所は感染のリスクが高いという所だ。電車、バスに乗って通学し、同じ空間でたくさんの人が授業を受けることにより、オンライン授業よりはいろんなリスクがあると思う。そこは対面授業の悪い所だと思った。

遠隔授業の良い所は、どこでも受けられて通学時間を取られないためその時間を有効に活用することができる所だ。自分の時間が増えることにより、新しいことにも挑戦でき、うまく時間を使えれば課題にも割り当てることもいい所だと感じた。

悪い所は、自分に甘いと課題がたまってすべての授業がおろそかになる所だ。私は気持ちが乗らない時には友達に声をかけて互いに頑張る時もあった。だから、一緒に頑張る友達がそばにいないこともその原因の一つになるのではないかと考えた。

それぞれに良い所、悪い所は存在するがそれを踏まえて私は対面授業があっていると思った。なぜかというと、つらいことも一緒に乗り越えることのできる友達ができる、実習により知識がより自分のものにできる、施設を利用できることにより自分をたかめてより充実した大学生活を送ることができるなどデメリットよりもメリットをたくさん見つけられたからだ」

どうです、面白いでしょう。前述のほか、学生たちの指摘で勉強になったことはたくさんあった。

「遠隔授業で困った時に、仲の良い友達へ相談しようとしてもオンライン授業が中心のため気軽に相談できるクラスメイトを作ることが困難だったところです」

「遠隔授業は、パソコンや携帯で受けるときに画面を見続けるから目や腰が疲れたりすること。また、家では勉強する雰囲気が足りない」

「家で遠隔をやり続けると運動不足になる」

「課題を提出した時に、しっかりと先生に届いているかなどの不安要素が多い」

「対面だと先生側から見ても、学生がしっかりと理解できているか、表情などを手掛かりにつかみやすいと思う。その結果スローダウンしたり説明がていねいになったりする」

「対面と遠隔を混ぜ合わせることで、どちらの良い所も活用できると思う」

「ミックスになると管理することが多くなって大変。理解しやすい発信のしかたを工夫してもらいたい」

「入学式もないまま始まった遠隔授業。慣れるのに時間がかかりました」

「遠隔ではパソコンを開いても、ついダラダラとゲームで遊んでしまうことがあります」

「やはり大学の施設でないと、モノづくりをするような科目は家では難しい」

「脳は衝撃を受けた時や面白かった時のほうが記憶に残りやすい。遠隔授業ではそういったことが起こりにくいため記憶に残りにくい」

「遠隔は、機材のトラブルや音声が聞き取りにくい」

「Ｚｏｏｍの授業ではセットアップに手間取って途中からしか参加できないことがあった」

「遠隔ではさぼっても友達に内容を聞けば課題を提出できてしまう」

「スマホで授業受けると電池の減りが早い」

「遠隔は生活が乱れやすく日付感覚がなくなったり、日常生活の質が落ちる」

「対面ではクラスメートからの刺激でモチベーションが上がると思う」

「下宿で遠隔授業をやっていると、一日中誰ともしゃべらない日がある」

「自粛期間に友達がいないと人生が味気ないものになるんだと嫌というほど分かりました。やはり人は対面でないと心からの友達はできないのではないかと思います」


学生たちは、いろいろ大変な思いをしたのだと、今さらながら感じるのだが、総じて考えをまとめることや、これを表現することに関してはいつもの年より高い水準に達している。また、オンラインやネットの作業の習熟のために苦労したことで、今後の人生においては有効な技術を身につけたと思う。これは遠隔授業による収穫だろう。同時に対面の授業のもつ意義についてもよく考えてみたことが、学生生活をより意識的で主体的なものにしているような印象がある。苦労した分、成長した若者たち。その苦労をムダにしないためにも、私たちは、この若者たちにふさわしい教育を考えていかねばなるまい。

遠隔授業と対面授業に関する貴重な資料として、学生たちの答案は個人情報を消した上で

「遠隔チーム」と情報共有した。チームは資料を分析しながら次の学内システムの細部の調整を行っているところである。用意のない状況ではＺｏｏｍやＧｏｏｇｌｅのようにすぐ使えるものを利用したが、来年度からは各社が提供するシステムから選び、これを至学館のニーズに合わせたものを提供することになっている。Ｇｏｏｇｌｅなどがプレタポルテで自己開発がオーダーメードだとするとイージーオーダーのようなものだろうか。これをジャスト・フィットにする上でも学生からの声はありがたい。

学生たちの自粛生活

自粛生活を有意義に過ごせたかという問題に答えた学生たちは、有意義に過ごしたという意識で議論した学生が大半であった。八割を超えている。これは、有意義に過ごせた学生がこの問題を選択した可能性が高いと考えられることから、そのまま統計的に意味があるとは思えない。しかし、有意義に過ごせたと思っている者も、そうではなかったと思っている者も、彼らが記述した内容は、これまで社会のなかで見過ごされてきたコロナ禍の学生生活の実態と思いを率直に表している。

まず、後悔・反省派の記述を紹介しよう。若者たちのナマのことばを聞いてください。

学生ＫＳ

「私は、二〇二〇年のコロナ禍では家で過ごす時間はとても多かったのですが、無駄に過ごしてしまったなとすごく感じています。無駄に過ごしてしまったなと感じた理由としては、私自身当たり前のことができてなく何も成長することができていなかったからです。また、勉学や部活動も中途半端に過ごしてしまったこと、新しいことに何もチャレンジしなかったことがとても後悔しています。

しかし、私は二〇二〇年失敗して良かったなと思っています。失敗して良かったなと思った理由としては、私自身を見つめ直したことがなかったからです。見つめ直して発見できたことがこれからの私を成長させてくれると思うと失敗して本当に良かったなと感じています。二〇二〇年の失敗を活かさなければ二〇二一年に成長することができないと思っているので、この失敗を二度と犯してはいけないと危機感を持ち成長していきたいと思います。（中略）私は、この一年間絶対に成長します。この一年間で成長できなければ、来年も再来年もこの先ずっと成長することはできないと思っています。私は、この一年で変わります」

学生ＡＨ

「家で過ごす時間が増えたなかで自分は自粛期間前半はほとんど無駄にしてしまったように

思います。思い返せば、沢山の時間があったにも関わらずなに一つとして没頭したものがなかったように思います。家から自由に出られないことに対して不満ばかり募り、結局スマホをいじってそんな自分に嫌気がさしながらも一日を終えてしまうことが多くありました。今日も一日なにもなかった無駄にしたなあと毎日のように思っていました。しかし、今から過去を振り返っても仕方がありません。このように時間を無駄に過ごしてしまったのは自分に先のことを見通して計画する力がなかったからであり、これはまだまだ自分を変えていけるチャンスだと捉えました。

先程は無駄に過ごしたと述べましたが、もちろんいい点があったことも確かです。部活漬けの高校時代は家にいることが少なく、帰ってからもすぐ寝てしまうので家族との時間が取れませんでした。しかしこの自粛で学校に行くこともバイトをすることも遊びに出かけることもままならない状況下では必然的に家族と過ごす時間が増えたのでそれはとても嬉しかったです。また、時間があるので人目を避けつつ自然を散歩したり、読書をしたりと普段時間がかかってやろうと思わないことにも手をつけられるようになりました。そのなかでも読書にハマり、隙間時間があれば読めるように持ち歩くようになりました。

大学で成長したいと思う部分は時間の使い方です。今回のように無駄だとあとから思うような時間の使い方をしないように、この自粛期間に対する自分の感じ方、そのなかでもよかった点を忘れずに常に先を見通して考えるようにしていきたいと思います」

学生ＹＷ

「コロナの影響で家にいる時間がかなり増えましたが、家にいる時間は無駄にしてしまったなと思います。授業はオンデマンドでいつでもやれるので朝早く起きる必要はほとんど無く、学校がある日よりも遅く起きても問題ないですし、家はなんでも揃っているので眠たければ寝て、テレビを見たければ見て、おなかがすいたタイミングで食べてとにかくだらけた時間を過ごしてしまいました。勉強しようと思っても家にいるとどうしても集中できず、とりあえず課題だけは出しておけばいいやという考えになってしまったり、今真剣に考えたら自分に甘くしすぎたと思います。正直前期の大学の授業で何を学んだかと聞かれても答えられる自信がありません。それほど身についていないし、時間を無駄にしました。自分がもっと真剣に取り組んで、オンデマンドでもだらけずに受けていたら今よりは身についていたと思うと反省しかありません。このままでは大学に入った意味がないし、授業料がもったいないと思ったので、後期は教師になるために今できることを探して図書館に行ったり、高校の先生に何をしたらいいのかを聞きに行ったり、コロナで授業が思うようにできないからこそ一回一回の授業をより真剣に受けようと思いました。やはり自分のやる気次第でかなり身につくことが多くなり、学ぶことがたくさんありました。六月の自分にはそんな考え方はできなかったと思います。コロナで家にいる時間が多かったからこそ自分の意識を変え、時間を無駄にしないように考えて行動することができるようになったと思います。二〇二〇年は自分の意識次第で有意義な時間にすることができると実感した一年でした。コロナの影響で思うように授業や部活ができなくても我慢して、いつかそんなときもあったねと笑って話せるようになれたらなと思います。今はとにかく外出は控えて感染を広めないよう我慢して、来年度からは去年よりも充実した大学生活を送りたいです」

では、次は自粛期間充実派の体験。

学生ＡＧ

「この一年間コロナという急に現れたとんでもないウィルスのせいで自分の動きを制限されてしまい家で過ごす時間が増えたと思います。そんな中家でダラダラと無駄な時間を過ごす人と、なにかやることを見つけ家の中でも充実した時間を過ごす人の二つに分かれると思います。私は後者です。普段は家にいるのがあまり好きではなく友達と外出する事が多かったのですが、なるべく家で過ごすことが主流になってしまったので当初辛い思いをしました。だからといって家にいる時間ダラダラ過ごしてはなにも意味がないと思い何か普段はしていないことに挑戦してみようと考えました。

その挑戦は『ＤＩＹ』です。最近よく聞く言葉だと思います。これは自分の部屋などを自分の力でリフォームなどすることを言います。私の母がリフォームが好きで家に木材がたくさんあったので自分もやってみようと思ったことがきっかけです。

まずは帽子掛けを作りました。自分は帽子をたくさん持っているのですがいつも部屋に散らばっていたので整理するためにも帽子掛けを作りました。

次に自分はサーフボードも持っているのですがそれも部屋の壁に立てかけてあり少しスペースを取っていたので壁の上の方にかけれるようにしました。他にもいろいろなものを作ったのでたくさん工具を使う機会がありました。そのおかげで色々な工具の使い方を覚えました。また、大学生になったので自立しなければならないという思いから人の力を借りず全て自分の力でやった事により達成感を得る事ができました。

次に私は料理にも挑戦しました。今まで食事のことは母に任せきりでしたが、授業もＺｏｏｍになり家にいる時間も増えたので家族のために何かしようと思ったのがきっかけです。毎回自分で作り方を調べて作ったので色々な料理を覚えました。自分で一生懸命作った料理はとても美味しく感じました。コロナが収まっても料理は続けていきたいです。

私は大学生において一番大事だと思っていることは自立だと思います。大学生はもう半分大人という立場です。高校までと違い先生はそこまで生徒一人一人のことを気にかけてくれません。なので、当たり前のことですが自分でやるべきことは自分で行わなければいけません。ですがこれがなかなか難しく人に頼ることが多かったです。これでは自立とは言えません。ですが、今回家で過ごす時間のおかげでたくさんの成長をしました。色々な事を覚えたのはもちろんですが、自分でやる事、自分で出来るのかまずは挑戦してみることを覚えました。自分の力で全てやってみると終わった時にとても達成感を得ることができとても嬉しかったです。今回の経験を活かしてこれからも色々なことに挑戦していき、自立した大学生活を送っていきたい」

学生ＭＫ

「至学館大学に入学し、楽しくて有意義なキャンパスライフを送れると思っていたさなか、第一回目の緊急事態宣言が発令され、遠隔授業が主な学習方法となった。また、休業要請や時短要請などで不要不急の外出をしてはいけないということから家で過ごす時間がかなり増えたが、この自粛期間は自分にとってとても有意義で充実した時間だったと考える。なぜなら、自分自身を磨くことができ、周りの整頓や新しいことへの挑戦ができたからである。

最初は何をしようかとゴロゴロしているうちに一日が過ぎるということがあったが何か行

動をしないと、と思い、その結果、身の回りの整頓もかねて断捨離をすることにした。断捨離することで身が軽くなった気がして、他にも何かしたいと考えるようになり、入学したら部活動に所属すると決めていたので、この期間を使って筋トレをしてみようと思った。筋トレをしていくうちに自分に自信がつくようにもなった。また、筋トレでの一番の効果は『継続』できたということにある。私は高校生のころから継続することが嫌いで、大学に入ったら小さいことから継続しようと考えていたこともあり成長したなと感じることができた。

また、私は大学生になったらどんなことにも『挑戦』して、卒業するころには成長したなと自分で思えるような四年間を過ごしたいと考えていて、それもあって、自粛期間にこれまで全くしてこなかった本を読むということに挑戦した。二日で一冊を目標に読みました。

本を読むと知識を蓄えることができ、また疑問に思ったことを調べるということをするようになりました。これは対面授業が始まってからも、講義を聞いてわからないところは調べる、聞くということができるようになり、高校時代の私からは想像もできなかったので成長したなと感じることができた。これらのことを含め、私は今回の自粛期間を充実して過ごすことができたと考え、この新型コロナウイルスというもののおかげで、自分と向き合うことができたとポジティブに捉えている」

学生RT

「私はこのコロナ禍で外出を自粛せざるを得ないなか、家で過ごす時間を充実したものにできているように思う。そのように考える理由としてはまず、テレビで報道番組を視聴するようになったことである。私は今までネットニュースで済ませていたのだが家で過ごす時間が増えたことで時間に余裕ができたため朝の時間帯や夕方にこういった番組を視聴するようになった。報道番組ではその道の専門家の意見であったり、コメンテーターの人の意見を知ることができ、自分の考えと違った意見や似たような意見を聞くことができ、違う意見の場合はそういった結論に至る根拠や理由を同じような意見でも自分とは異なった考え方を知ることができ見識を深めるのにとても良いと思った。私が報道番組を見るようになった当初は新型コロナウイルスの話で持ち切りであったが今はもちろん新型コロナウイルスについての情報も多いが政治などのニュースもよく見かけるようになり、ネットニュースで済ませていた時にはスポーツについての記事など自分の興味のあることしか見ていなかったがその時よりも幅広い分野のことについて自分でも考えるようになったように思う。

二つ目の理由としては読書をするようになったということである。私はこれまで時間に余裕があるときスマホを触って時間をつぶしていたのだがそれにも限界があり、なおかつ目が疲れるため読書に手を出したのだが思いのほかはまってしまった。今まで読書は中学や高校で朝の朝礼前に設けられた時間にしかしていなかったのだがしっかり集中して行うと小説の世界に引き込まれ読み終わるころには三、四時間が気づいたら経っていることもよくあるようになった。読書をするようになり実感できる一番の効果としては言葉のボキャブラリーが増え、自分の考えなどを表現しやすくなったことである。今までは勉強する中で意味の分からない単語が出てきても前後の流れでなんとなく補完していたのだが小説を読む中でわからない単語が出てきた際には自分で勝手に補完して流れを崩したくないためしっかりと調べるようになった。また、小説の中で出てくる表現はかっこいいものが多いため意味を理解して使ってみたいというのも大きかった。

私は大学に入学して授業で教養を深めるだけでなく、それ以外の時間でも幅広い知識やそれらについての理解、自分の考えを伝えるための語彙力や表現力など人としての魅力を磨くことができたのではないかと思うし、これからも継続して磨き続けたいと思っている。

以上のことから私は家で過ごす時間を充実したものにできたと考える」

学生ＡＫ

「（前略）去年の三月一四日から日記を書き始めた。きっかけは今までにない環境に変わり、自分の心境もどのように変化していくのかということを文字に残しておきたいと思ったから。

その日に思ったこと、考えたことは時間が経つと記憶から消えていく。喜怒哀楽の感情を忘れないためにも記録したいと思った。線もなにもない真っ白なノートに黒いボールペンの文字だけ刻まれていく。最初は、その日あった出来事やバイトと部活疲れたなどとただ報告しているだけの内容のものばかりだった。ふと読み返した時に、自分の欠点であるネガティブな言葉ばかり書いてあることに気づいた。マイナス思考を文字に起こしても読み返した時に何もいいことがない。そこで、未来の自分のためにプラス思考に変換して書くようにした。そうすることで日記の中の自分だけでなく、自分の思考もポジティブになった。過去を振り返り後悔する自分が明日のことを考える自分に代わっていた。日記を書いていなかったら絶対に変われなかったので始めてよかった。（後略）」

学生ＤＤ

「私は、緊急事態宣言が昨年出てから家で過ごした時間が増えたがその時間を有効に利用できたと考えている。なぜなら普段部活で忙しく、家で過ごす時間が少なく家の手伝いや勉強などができたからである。そしていつもと違う日常で気づいたこと、気づかされたことがたくさんあったからでもある。

私は体操競技部に入っており、週六日間練習があった。しかしながら、学校での練習ができなくなり、クラブチームで練習する人もいたが、私は中学高校と部活動でやってきたため、練習できる場所がなく公園の鉄棒を使いトレーニングをしていた。公園では小学生が多く遊んでいたが、その中で危険がないように考えてトレーニングをしていた。鉄棒を使い倒立になったりするとすごいと寄ってくる小学生。僕からしたらできて当たり前、できないといけないことであるが周りから見ると体操競技は特殊なスポーツなんだと改めて気づくことができた。

また、体操競技をする中で審判免許を取ることで愛知県の高校生の大会などでは審判をすることができるのだが、その資格を取るための勉強ができた。体操競技は審判が目で一人一人の演技を見て採点する。しかも演技中は止まることなく技が次々と実施されているため、紙を見て書くことができずとても大変である。それを勉強し国際審判の免許を取っている人は、本当にすごいことなんだとあらためて気づかされた。体操競技では自分の知らない技がたくさんある。しかし審判の勉強をしていく中で、自分でもできそうな技のイメージをたくさん作ることができた。

また、自分の減点されているところを自分で自分の演技を見て分析できるようになった。そして緊急事態宣言が解除された後にイメージしていたようにやってうまくいったことが何度かあった。改めて体操競技にはイメージトレーニングや人の演技から吸収できることがたくさんある、大事なんだと気付いた。

そして、いつも自分が家への帰りが遅かったが逆に親の方が帰りが遅くなっていたため夜ご飯を作ったり、洗濯物を取り込んだりするなどの家事を僕がしていたが、親のありがたみをとても感じることができた。

家で過ごす期間が増えて感じたことは、友達と会えないことのさみしさや、普段体操ができている環境のありがたみ、親のありがたみを感じることができた」

まだまだ紹介したい文章はたくさんあるのだが、きりがないのでこの辺にしておこう。読者のみなさんも、なぜ私たちが学生を大切にしたくなるのかご理解いただけたのではないだろうか。彼らの健気さ、その本気さ、そして真っすぐな姿勢と接していると、心がシャワーを浴びたようにさっぱりする。

うちの学生が本を持ち歩いている姿や日記を書いている姿を想像しただけで笑いがこみあげてくる。だってあの手この手で本を読ませるために努力してきたし、文章を書く習慣をつけさせようと試みてきたけど、私たちはウィルスに完敗である。もともとスポーツに秀でた子たちは頭もいいのだ。コロナに教えられて教養を身に着け始めた若者たちの将来は楽しみである。

また多くの学生たちは大学の施設が使えなくても孤独な環境で工夫してさまざまなトレーニングをやり続けた。言われたり引っ張られたりすることから脱皮して主体的に自らを管理し鍛錬し始めたアスリートたちを眩しく感じる。

このテーマを選んだ数十人のうち、一人として自粛生活を被害者意識で捉えた学生はいなかった。後悔し反省する点があっても、政府をはじめ他者を責めることばは一つもない。愚痴や傲慢、偏狭さは微塵もない。ネットのコメントとはまるで別世界の、清々しい思いに溢れている。これらの文章を読むまで、私は学生がいちばん我慢させられたあげくに、ウィルスを蔓延させていると批判されていることで、彼らをコロナの被害者だと思っていた。

しかし、それは失礼な思いであったと今は思う。学生たちの青春は、被害者ということばを撥ね退ける強さに溢れていた。悩み、迷うことはあっても、コロナ禍での制約や不便があっても冬の大地の地下で芽吹きを待つ植物たちのように、決して止まることなく成長し続けていた。むしろ制約や不便があったからこそより賢く、より強くなっているといえるだろう。

学生たちはこの一年、次の大いなるジャンプにそなえて助走してきたようにみえる。

最後に、もう一人の文章を紹介させてほしい。この学生は、ときどき私が遭遇する熱量が高く、激しい向上心を持つ、真に若者らしい若者の声を代弁しているように思われる。

学生ＯＳ
「コロナにより家で過ごす時間が増え、一人の時間が増えた。そのおかげで充実した時間を過ごせたように感じる。

この時間では、主に自分自身はどういった人間であるかを考えていた。

今の自分がどうかと考えたとき物事を楽観的に考えられるようになれた。これは、大学に入学して成長した部分だと思う。今までの自分、特に中・高に通っていた時は考えすぎていた。張り詰めた状態を続けていたように思う。でも、大学に入って同級生や部活の先輩、大学論での授業を通して張り詰めていたものが解けたと感じている。

なぜ、大学に入学するまでの自分はそのような状態だったのか。理由はたくさんあるが一番は周りの人に言ったら笑われて、背伸びしすぎといわれるぐらい大きな夢があるというところである。そして、理想になかなか追いつかない現実とそれを自分自身がちゃんと理解してしまっている。これが余計に不安を煽り、自分を追い込んでしまっていた。

しかし、大学論の講義で学長やヨイコ先生などの過去の話や考え方を聞いて、今の素晴らしい姿からは想像もできない過去とかを聞いて気持ちが軽くなった。今がどんなにダサくて、ちっぽけな人間でも、この先いくらでも成長して変わっていけるんだと感じた。また、同級生や部活の先輩と接していて、将来のことを心配するよりも今を楽しんでいる人が多くいて、自分が持っていなかった感覚を持っていた。

これらを感じて、もっと肩の力を抜いていいと思った。そこから、今の自分を人生を楽観的に考えるようにした。
これが、大学に来て一番成長して変わったなと一人の時間を通して感じた。目の前にある出来事も先のこともまっすぐ見据えていきたいとその時間で心に刻めた。そして、一人で過ごす時間が好きになった」

芸術などもそうかもしれないが、スポーツの世界でも若者がチャンピオンになることができる。しかもスポーツでは、若者しかチャンピオンになれないという側面があるため、彼らは信じられないような激しさで夢を追う。ダイヤモンドのような硬質な煌めきを放ちながら、しかしその硬さと鋭さが自らに突き刺さることも多い。「今しかできない」という焦りのなかでがむしゃらに突進し、思うようにできない自分を責め、身体や心を痛めつけてしまう。とくに責任を指導者や環境の問題に転嫁しない倫理観をもつ若者は、自分自身を追い込んでしまう傾向が強いように思う。私たちから見ると、非の打ち所がないような学生が自分を責め続けることから抜けられないでいる姿は痛々しく、そして愛おしく、どうやってときには自分自身に寛容になることを学ばせることができるのかと悩み続けている。もし、コロナによる自粛生活が、学生OSのように自らのがむしゃらな努力を一定期間強制終了させて、自分自身をゆっくり見つめる機会を与えてくれたのであるなら、私はちょっぴりだけどウィルスに好感をもってしまいそう。

春を待つキャンパス

二〇二一年三月現在、私たちは卒業式を終え、春を待っている。もう沈黙しない春。笑いさざめく春。

二月初めには、地元大府市と協定を結んで合同ＰＣＲ検査の開始を発表した。これは、ＰＣＲ検査を決意した当初から私たちが念願していたことであり、岡村市長とは何度か話し合っていたのだが、なかなか実現できなかった。ひとつには、私たちに十分な技術や体験知の蓄積が必要であり、もうひとつには検査グループのキャパの問題があった。秋から私たちが取って来た体制では、学内検査だけで手一杯である。機械の限界とマンパワーの限界。しかし、一月の大きな感染の波を体験し、緊急事態宣言が再び出されるに及んで、大府市と至学館の共同で本格的な模索が始まった。学内で、これまでにＰＣＲ検査を手掛けたことがあるか、あるいは類似の実験経験並びに知識をもつ教員、助手、大学院生など有資格者の募集を行ったところ、教員や助手から数本の手が挙がった。小さな大学で、皆忙しいのに期待以上の反応。地元に貢献することに対して積極的な意思が示された。大府市は、もう一台ＰＣＲ機を増やすための補助金と検査費用捻出のために奔走してくれた。そして、議会の承認を得て、三月からの検査が確定した。

クラスターの危険性が出た場合の周囲の検査、および市が必要と考えるエッセンシャル・ワーカーの検査がその目的になる。

共同記者会見の数日前に、至学館には八〇人の消防士（救急隊員を含む）が集まり、検査を受けた。これは予行演習として、大府市と至学館が話し合ってきた役割分担や検査の流れを確認するためのもので、まだ予算が通っていなかったので大学側が費用を負担した。というより、最前線で市民の安全を守る人々の検査をやることは、私たちの夢だった。若い家族持ちの消防隊員が小さな家族を抱きしめるのにびくびくしなければならないのは気の毒すぎる。八〇人の内、検査を受けた経験のある人は、八人だった。

当日、私が検査会場に行ってみると、駐車場には救急車や消防車が停まっていて、学生たちが「何が起きたの？」という顔で目を見張っていた。

検査の結果は、全員陰性。

スポマネ「いやあ、良かったです。検査慣れしてきたけど、久しぶりに緊張でした」

甲子エン「私も、です。全員陰性と聞いてうれしかった。それに消防隊の人たちって、雰囲気がうちの学生と似ていて親近感を感じたなあ」

合同ＰＣＲ検査事業のことがニュースで取り上げられると、衆院の予算委員会で阿部知子議員が、このことを取り上げてくれた。こういうモデル事業は、国が全国に紹介すべきと。その結果、文科省のＨＰに紹介された。少しだけど補助金まで頂けた。

また、日本の大学スポーツ振興のために三年前に設立されたＵＮＩＶＡＳ、つまり日本版ＮＣＡＡといわれている大学スポーツ振興機関の年間表彰で、大学におけるスポーツ振興のためのグッド・プラクティスを選ぶ部門でも最優秀賞が決まった。

私はエントリーしたことも知らなかったのだが、ＵＮＩＶＡＳ創立以来毎年レスリング部を中心とする学生部門で表彰されてきて、この年度は国際大会が全滅だったために途切れるのが悔しくなったスポマネがＰＣＲ検査を通じてのスポーツ振興の取り組みをエントリーしていたものだ。お手柄だよ、スポマネ。

顕彰されることは目的ではないが、頑張ってきた多くの教職員にとっては達成感を感じる出来事になった。

まだ、例年のように来賓や保護者、在学生を入れた卒業式はできないが、今年は卒業生と教職員全員がメイン・アリーナに集まって卒業を祝うことができた。短時間の式にするために、総代への学位記授与、学生表彰、学長式辞と送辞、答辞以外のすべてを削り、卒業生一人ひとりの名前も読み上げてやれなかったが、それでも参加者は喜んでくれた。ＰＣＲのチームが二週間前から、せっせと出席者の検査をやってくれたおかげである。陰性を出席の条件にしたためか、学生たちは緊急事態宣言下の生活でも予防に努めてくれたようである。

三月一七日。卒業式は雲ひとつない青空が広がるうららかな日になった。

サクラはまだだけど、キャンパスの梅は満開で水仙をはじめとした花々、そしてみどりの小さな芽が木々を彩って祝福している。

ＰＣＲ検査で陰性になり、二週間分の健康調査票を提出して検温された出席者のマスクに至学館のロゴマークのシールが貼られて、メイン・アリーナへの入場が始まった。

色とりどりの着物と袴姿の女子学生とスーツ姿の男子学生たちがアリーナのフロアと観客席を花園に変えた。なぜか、今年は例年より遥かにたくさんの花飾りが女子学生たちの髪につけられていて、文字通りにお花畑の様相。久方ぶりに至学館らしい陽気さに満たされる。

ずっとモノクロの世界に閉じ込められていたのが急にカラフルな世界に戻ったみたい。

昨年も一応はキャンパスのあちこちに分散して卒業式らしいものはやったのだが、やはり全然違う。各所での二、三分のスピーチを行ったが、あれは式辞でもなかったし、卒業式といえるようなものではなかった。簡素な式ではあったが、集まった全員にとっては、この一年に終止符を打って、次のステージに真っすぐ目をむけるための機会になったと思う。

式の後は外に出て、青空のもとで写真の撮り合いっこ。皆、笑顔だ。シャッターが押される瞬間はマスクなしで濃厚接触の笑顔。これらの写真が皆の手元に残るならＰＣＲ検査は安い買い物だったとつくづく思う。卒業生たちも教職員も、今日だけはイヤなことは忘れていることができる。一一時に式は終わったのに、午後三時になってもプラザには、別れを惜しみ合う学生たちが溢れていた。

この一年、よく頑張ったよね。今日のお天気はご褒美だね。また明日には現実と格闘することになるけど、私たちは、あんなチッコイ奴らに負けないいね。

元気でいてね。幸せになるのだよ。いいときは忘れていていいけど、辛くなったら思い出して、羽を休めるために帰っておいで。ここは君たちの母校で、フルサトだからね。

あとがきにかえて

世界中がコロナ禍にあった一年は、私たちにとって決して記憶から消したくない一年になった。一〇年分くらい頭を使って、一〇年分くらい試行錯誤し、一〇年分くらい学んだように感じられる。

高齢者と若者、怖れる者と怖れない者、地方に住む者と都市部に住む者など、コロナは社会を分断してきたように考えられるが、これは人間側の問題であってウィルスの責任ではないと思う。他の多くの危機と同じように、奪い合い、敵対し合うことも可能であるが、支え合い、守り合うことも可能である。力を合わせ、互いを信頼して繋がり合うことで、むしろ今まで以上に仲間を愛し、コミュニティの一体感を育むこともまた可能なのだと、私たちのキャンパス・コミュニティを通して信じることができる。この一年ほどお互いによく笑い合った年は、かってなかった。ときには、激しい論戦もやったけど。

私たちは、科学的合理性に従って考え、現場で見ることのできる実態に即して工夫しながら行動することの重要性を学ぶことができたと思う。政府やメディアによって操作された「自粛」という漠然とした観念を捨てて、自主的な判断で関係者を守ると決めてみたら、すべての必要な資源は手元にあった。そして、その最大のものは、大学という社会的装置に自ずと存在する人的資源であったと感じる。人間の創意工夫とはなんと凄いものであることか！　それは何も研究者だけについていえることではなく、一般人である事務局の人々も同様である。誰が卒業式でのマスクに健康証明用ロゴ・シールを貼ることを思いついたのか、私はまだ確認していないのだが、これを考えついた人も、賛成して製作に関与した人たちも楽しんだにちがいない。工夫することは本来的に人間にとって楽しいことなのだと思う。子ども時代には当たり前だったのに、私たちが忘れていた創意工夫の楽しさを、コロナが思い出させてくれたのだ。何せ、ないないない尽くしでは工夫するしかないものね。

卒業式の午後、私たちの一年間を総括するような卒業生たちの笑顔を見つめながら、私の胸のなかではある一つの歌が流れていた。

「いろんなことを経験したね。
あんまり先を急がないでね。
いろんな人に巡り会えたね。
そんな旅なら悪くはないさ……」

至学館の学園歌「夢追人」（作詞作曲　飯尾歩）の一節である。夢を追う若い勇者たちと、その夢を支える仲間たちの愛を讃える、私たちをいつも励ましてくれる「元気ソング」兼「癒しソング」。私たちは、もう、あんまり若くないけど、皆で夢を追い続けることは人生を豊かにする。コロナが私たちに教えてくれたことだ。

谷岡郁子（たにおか　くにこ）
一九五四年大阪府生まれ
博士（芸術工学）
至学館大学理事長・学長
日本レスリング協会副会長

装画　茶畑和也
装丁　三矢千穂

コロナが私たちに教えてくれたこと
—至学館大学かく戦えり—

２０２１年10月４日　初版第１刷　発行

著　者　谷岡郁子
発行者　ゆいぽおと
〒４６１-０００１
名古屋市東区泉一丁目15-23
電話　０５２（９５５）８０４６
ファクシミリ　０５２（９５５）８０４７
http://www.yuiport.co.jp/
発行所　ＫＴＣ中央出版
〒１１１-００５１
東京都台東区蔵前二丁目14-14
印刷・製本　モリモト印刷株式会社

内容に関するお問い合わせ、ご注文などは、
すべて右記ゆいぽおとまでお願いします。
乱丁、落丁本はお取り替えいたします。
©Kuniko Tanioka 2021 Printed in Japan
ISBN978-4-87758-496-2 C0095

ゆいぽおとでは、
ふつうの人が暮らしのなかで、
少し立ち止まって考えてみたくなることを大切にします。
テーマとなるのは、たとえば、いのち、自然、こども、歴史など。
長く読み継いでいってほしいこと、
いま残さなければ時代の谷間に消えていってしまうことを、
本というかたちをとおして読者に伝えていきます。